科学文化系列

科学与人生 //////////
中国科学院院士传记

赵其国传

杨　坚　李小平／编著

科学出版社

北　京

内 容 简 介

本书记录了中国科学院院士、土壤学家赵其国的学术历程和工作成就。全书以时间为轴线，从他的童年和学生生活开始，依次对其寻找华南橡胶宜林地、援建古巴土壤研究所、考察黑龙江荒地、定位观测红壤、攻关黄淮海低产田的相关工作进行着重叙述，对他在红壤形成机制、土壤圈层理论、盐土农业、清洁农业、生态高值农业、功能农业方面进行的理论探索与实践予以详细阐述。

本书采用大量第一手资料，真实客观地反映了赵其国院士为中国土壤事业奋斗、奉献的一生，内容丰富，适合关心我国科技事业发展的广大读者阅读。

图书在版编目（CIP）数据

赵其国传 / 杨坚，李小平编著. -- 北京：科学出版社，2025.7. -- (科学与人生：中国科学院院士传记). -- ISBN 978-7-03-081573-6

Ⅰ. K826.3

中国国家版本馆 CIP 数据核字第 2025J8N977 号

丛书策划：侯俊琳
责任编辑：张 莉 刘巧巧 / 责任校对：韩 杨
责任印制：师艳茹 / 封面设计：有道文化

科学出版社 出版
北京东黄城根北街 16 号
邮政编码：100717
http://www.sciencep.com
北京中科印刷有限公司印刷
科学出版社发行 各地新华书店经销
*
2025 年 7 月第 一 版 开本：720×1000 1/16
2025 年 7 月第一次印刷 印张：13 3/4 插页：6
字数：220 000

定价：98.00 元
（如有印装质量问题，我社负责调换）

赵其国（1930—2023）

1930 年 3 月 24 日（农历二月二十五）出生于湖北武汉，1953 年毕业于华中农学院农学系，1953 年起在中国科学院南京土壤研究所工作，历任研究实习员、助理研究员、副研究员、研究员。曾任中国科学院南京土壤研究所所长、中国土壤学会理事长、中国科学院农业研究委员会主任、国际土壤学会盐渍土分委员会主席和土壤环境委员会第一副主席等职。1986 年被国务院授予"有突出贡献中青年专家"称号，1991 年当选中国科学院院士。

赵其国院士长期从事土壤资源调查、土壤发生与土壤圈物质循环、土壤生态环境等研究，为促进我国土壤科学发展、保障国家粮食安全、加强生态文明建设做出了突出贡献。工作以来，他参加了我国南方橡胶宜林地调查，为扩大我国橡胶等热带植物的种植面积提供了重要的科学依据；带队在黑龙江省开展荒地资源考察，为东北黑土地商品粮基地建设做出了重要贡献；全面系统研究了我国红壤的形成及其退化机理与调控，首次明确了我国红壤具有古风化过程及现代红壤化过程两种对立统一的特征，提出了南方红壤分区整治、退化改良以及生态环境建设等一系列规划方案；率先从地球圈层角度将土壤学研究引向深入，开拓了土壤圈及其在地球各圈层物质组成、性质与能量循环以及对生态环境影响的理论与实践；牵头开展了"中国至 2050 年农业科技发展路线图"研究，为实现我国农业现代化与保障国家粮食安全积极建言献策，并推动了生态高值农业与功能农业的发展；先后出访 35 个国家和地区，1964—1968 年还曾以顾问身份赴古巴科学院土壤研究所指导工作，并长期在国际土壤学会等学术组织任职，为提升我国土壤学界在国际的影响力和话语权发挥了重要作用。赵其国院士一生硕果累累，先后获得国家自然科学奖、国家科学技术进步奖、国家技术发明奖等 10 余项以及道库恰耶夫奖、日经亚洲奖、国际山地研究中心金质奖等国际奖励，1984 年被授予中国科学院竺可桢野外工作奖，1987 年当选江苏省劳动模范，以实际行动彰显了当代科学家"服务国家、造福人民"的使命担当。他桃李满天下，为我国土壤科学事业培养造就了一大批优秀人才。

1957 年 5 月，在云南金沙江河谷考察时，赵其国（左二）、张俊民（左一）、邹国础（左三）、龚子同（右一）等在金沙江一座渡桥上合影

1958 年，赵其国（左三）在云南西双版纳进行野外考察

1965 年，赵其国（右一）、刘兴文（土坑中站立者）与 4 位古巴学生在野外考察

1965 年 10 月，赵其国在古巴土壤研究所办公室工作

1966 年 3 月 23 日，赵其国（坐者）与一起工作的三位古巴工程师
（1964 年哈瓦那大学毕业生）在古巴土壤研究所办公室讨论工作

1966 年 10 月，赵其国（左六）和在古巴土壤研究所工作的全组人员合影留念

1967 年，赵其国（左一）回国休假期间，与刘畹兰（右一）、儿子赵坚（左二）、女儿赵智（右二）在南京市玄武湖游玩时合影

1977 年 11 月，赵其国（左二）在黑龙江进行荒地考察时与同事一起研究工作

1977 年 11 月 8 日，赵其国（前排中）与黑龙江荒地考察队牡丹江支队队员合影

1978 年夏天，赵其国（右三，蹲者）在黑龙江三江平原进行荒地资源考察

1981年，李庆逵（左三）、赵其国（右二）再次考察橡胶林地，
向当地政府提出加强管理的建议

1985年11月，赵其国（右三）、石华（右四）在江西鹰潭刘家站红壤生态实验站建设现场

1986年7月，赵其国（左二）与研究生在一起讨论问题

1992 年 10 月，参加中国共产党第十四次全国代表大会时留影

1993 年 12 月，赵其国在南京土壤研究所资料室

1997 年 3 月 11 日，赵其国（前排右三）等与来访的波兰土壤专家合影

2005 年 4 月 20 日，为纪念中国科学院红壤生态实验站建立 20 周年，赵其国（前排左十）与历年参加红壤生态实验站工作的人员合影

2005 年 6 月 11 日，赵其国（中）、周生路（左三）与指导的南京大学研究生合影

2018 年 12 月 31 日，赵其国（左）、李小平（右）在南京紫金山合影

总　序　一

　　中国科学院学部科普和出版工作委员会决定组织出版"科学与人生：中国科学院院士传记"丛书，这是一件很有意义的文化工程。首批入传的22位院士都是由各学部常委会认真遴选推荐的。他们中有学科领域的奠基者和开拓者，有做出过重大科学成就的著名科学家，也有毕生在专门学科领域默默耕耘的一流学者。每一部传记，既是中国科学家探索科学真理、勇攀科学高峰的真实情景再现，又是他们追求科学强国、科教兴国的一部生动的爱国主义教材。丛书注重思想性、科学性与可读性相统一，以翔实、准确的史料为依据，多侧面、多角度、客观真实地再现院士的科学人生。相信广大读者一定能够从这套丛书中汲取宝贵的精神营养，获得有益的感悟、借鉴和启迪。

　　中国科学院学部成立于1955年，经过50多年的发展，共选举院士千余人，荟萃了几代科学精英。他们中有中国近代科学的奠基人，新中国的主要学科领域的开拓者，也有今天我国科技领域的领军人物，他们在中国的各个历史时期为科学技术的发展做出了历史性的贡献。"五四"新文化运动以来，一批中国知识精英走上了科学救国的道路，他们在政治动荡、战乱连绵的艰难岁月里，在中国播下了科学的火种，推动中国科技开始了建制化发展的历程。新中国成立后，大批优秀科学家毅然选择留在大陆，一批海外学子纷纷回到祖国,在中国共产党的领导下,开创了中国科学技术发展的新篇章。广大院士团结我国科技工作者,发扬爱国奉献、顽强拼搏、团结合作、开拓创新的精神,勇攀世界科技高峰,创造了举世瞩目的科技成就,为增强我国综合国力、提升自主创新能力做出了重要贡献,为国家赢得了荣誉。他们的奋斗历程,是中国科学技术发展的历史缩影;他们的科学人生,是中华民族追求现代化的集中写照。

当今世界,科学技术已成为支撑、引领经济社会发展的主要动力和人类文明进步的主要基石。广大院士不仅是科学技术发展的开拓者,同时也是先进文化的传播者,在承担科技研究工作重任的同时,还承担着向全社会传播科学知识、科学方法、科学思想、科学精神的社会责任。希望这套丛书的出版能够使我国公众走近科学、了解科学、支持科学,为全民族科学素养的提高和良好社会风尚的形成做出应有的贡献。

科学技术本质是创新,科技事业需要后继有人。广大院士作为优秀的科技工作者,建设并领导了一个个优秀的科技创新团队;作为教育工作者,诲人不倦,桃李满天下。他们甘当人梯、提携后学的精神已成为我国科技界的光荣传统。希望这套丛书能够为广大青年提供有益的人生教材,帮助他们吸取院士们追求真理、严谨治学的科学精神与方法,领悟爱国奉献、造福人民的科技价值观和人生观,激励更多的有志青年献身科学。

记述院士投身我国科学技术事业的历程和做出的贡献,不仅可为研究我国近现代科学发展史提供生动翔实的新史料,而且对发掘几代献身科学的中国知识分子的精神文化财富具有重要意义。希望"科学与人生:中国科学院院士传记"丛书能够成为广大读者喜爱的高品位文化读物,并以此为我国先进文化的发展做出一份特有的贡献。

是为序。

2010 年 3 月

总 序 二

　　"爱国、创新、求实、奉献、协同、育人"的新时代科学家精神，为科技工作者投身科技强国建设伟大事业提供了前进方向和价值坐标。科学家精神由一代代中国科技工作者铸就和书写，也需要一代代人接续传承、发扬光大。作为一项长期性的文化工程，中国科学院学部组织出版"科学与人生：中国科学院院士传记"丛书已有十余载。这套由一本本院士传记组成的丛书，记载了中国科学院院士群体激荡恢宏的科学人生，也记录了中国科学发展的历史。这里所展示的院士人生经历，不仅包含了他们各自的成长故事，彰显了他们家国天下的情怀、追求真理的精神、造福人类的胸襟和独特的人格魅力，而且展现了他们卓越的科学成就以及对国家、对人类的重要贡献。

　　"沧海横流显砥柱，万山磅礴看主峰。"自 1955 年中国科学院学部成立以来，先后有 1500 多位优秀科学家荣获中国科学院院士这一国家设立的科学技术方面的最高学术称号。近 70 年来，院士群体团结带领全国科技工作者，直面问题、迎难而上，肩负起时代赋予的重任，为新中国的科技事业发展奠定了坚实基础。特别是党的十八大以来，以习近平同志为核心的党中央坚持把科技创新摆在国家发展全局的核心位置，全面谋划科技创新工作，使我国科技创新发生了历史性变革，进入了创新型国家行列。面向世界科技前沿、面向经济主战场、面向国家重大需求、面向人民生命健康的一个个重大科技突破，离不开院士群体的创新和贡献，凝结着院士群体的心血和智慧。

"曾谙百载屈践史，不忘强国科技先。"共和国需要记述院士群体投身我国科学技术事业的历程和做出的贡献，弘扬院士群体胸怀祖国、献身科学、拼搏奉献、勇攀高峰的精神，为研究我国近现代科技发展史提供生动翔实的新史料；新时代需要发掘献身科学的院士群体的精神文化财富，为新时代中国特色社会主义文化发展提供丰饶充裕的源泉；中华民族伟大复兴需要宣扬院士群体追求真理、严谨治学的科学精神与方法，爱国奉献、造福人类的价值观和人生观，激励更多有志青年献身科学，为广大青年提供有益的读本。

一代人有一代人的使命，一代人有一代人的担当。我国科技事业取得的历史性成就，是一代又一代矢志报国的科学家前赴后继、接续奋斗的结果。院士群体胸怀祖国、服务人民，追求真理、勇攀高峰，坚守学术道德、严谨治学，甘为人梯、奖掖后学，得到全国人民的敬仰和尊重，被誉为"国家的财富、人民的骄傲、民族的光荣"，也必将激励广大科技工作者，担负起实现高水平科技自立自强、进入创新型国家前列的使命和责任。

党的二十大报告中明确指出，要"培育创新文化，弘扬科学家精神，涵养优良学风，营造创新氛围"①。一本院士传记，不仅记录了院士的奋斗史，更凝结了中国科学家的精神史。览阅院士传记，弘扬科学家精神，激励广大科技工作者树立家国情怀，勇于担当，甘于奉献；引导更多青少年心怀科学梦想，树立创新意识，营造崇尚科学的浓厚氛围，正是"科学与人生：中国科学院院士传记"丛书出版的价值和意义之所在！

中国科学院学部科学道德建设委员会

2024 年 3 月

---

① 习近平. 高举中国特色社会主义伟大旗帜　为全面建设社会主义现代化国家而团结奋斗——在中国共产党第二十次全国代表大会上的报告. 北京：人民出版社，2022.

序　一

最早听说赵先生的名字大约是在 1988 年，那时我正在读大学，我在《土壤》期刊上看到一则新闻：中国土壤学会第六届理事会选举产生新一届理事会，赵先生任理事长。1989 年 8 月，我大学毕业后经过面试被推荐到中国科学院南京土壤研究所（以下简称南京土壤研究所）攻读硕士学位，有机会认识了当时已经担任南京土壤研究所所长的赵先生。我刚到所里不久时，在一次党办和工会组织的国庆庆祝会上，赵先生在全体职工大合唱中领唱革命歌曲，他洪亮的嗓音、双手有力的指挥，让我们的集体演唱充满了积极向上的激情。三十多年过去了，当时的情景仍历历在目。那次活动后，我们年轻人与赵先生增加了不少亲近感。

在研究所期间，从所里方方面面的工作和生活条件看，我深刻感受到赵先生是一位了不起的研究所的领导者和开拓者。我当时作为硕士研究生，住的宿舍是所里刚建成不久的博士后楼。我和三位同学合住一套两室一厅且有厨房的套间，这个条件即使放在今天来看也还是非常不错的。在赵先生的领导下，南京土壤研究所在全院较早成立开放研究实验室（即土壤圈物质循环开放研究实验室）。可以说，南京土壤研究所的土壤圈物质循环开放研究实验室成了当时国内土壤领域的"领头羊"。当时的开放研究实验室是真正的科研改革创新的试验田，不仅有良好的实验条件，而且真正做到了对国内外的同行开放。我还记得，当时在博士后楼里居住的还有一些到开放研究实验室工作的来自全国兄弟单位的年轻人，我们同吃同住，经常讨论学术问题，最后还成了好朋友。有很多当时在开放研究实验室工作过的年轻人现在都已成为行业翘楚和学界精英。我们那时建立的友谊也一直延续到现在，并通过学生一辈辈地传承下去。

赵先生十分重视对年轻人的培养，总是竭尽所能地为学生的发展创造条件。我们这一届硕士研究生于 1992 年毕业，在赵先生的领导下，研究所突破培养博士生的条条框框，允许我们应届硕士研究生报考本所的在职博士研究生。攻读博士学位期间拿到的工资和正式工作人员一样，这大大缓解了我们的经济压力，使我们得以潜心钻研。不仅如此，当时的考试方式也十分创新，我记得除了英语是中国科学院统一考试科目之外，专业课是以面试的形式进行的，和目前大家采用的考核制度相同。回想起来，我们当时还是幸运的，因为是在职读博，我们的收入明显提高，大家没有生活上的压力，工作起来更有动力了。

南京土壤研究所作为具有深厚文化底蕴的研究所，长期以来有着广泛的国际合作基础。研究所很早就开始组织召开红壤和水稻土等主题的国际研讨会，出版相关的英文专著。我在所里学习的几年里经常有机会聆听来自世界各地科学家的学术报告，这大大开阔了我们这些年轻人的学术视野。赵先生是所里老一辈科学家的代表，他非常重视开展国际合作，而且身体力行，带队出访过数十个国家。当年赵先生在所里大会上对我们年轻人说，南京土壤研究所的年轻人应该有 1/3 在国外，1/3 在国内，还有 1/3 在准备出国。很多优秀青年科学家经过出国深造，成为我国土壤科学事业的栋梁。30 多年过去了，赵先生当年铿锵有力的教导犹在耳旁，我的内心也仍能感受到当年的兴奋。

20 世纪 90 年代初，赵先生当选国际土壤学会盐渍土分委员会主席。有一次他刚从以色列访问回来，在所里的一次大会上谈到访问的感受时，他说尽管以色列还是硝烟弥漫，但它们在干旱区的农业研究却非常先进。自从那次访问后，南京土壤研究所开启了和以色列相关科学研究机构的合作，所里好几位年轻学者也通过这个途径到以色列进修和开展合作研究。

赵先生还积极推动了海峡两岸的土壤科学合作。20世纪90年代初，赵先生和台湾中兴大学的庄作权先生一起创立海峡两岸土壤科学研讨会。记得大概是1990年的秋天，我在所里一楼大厅的黑板上看到南京土壤研究所办公室的通知，通知里说赵先生一行刚从台湾访问回来，带了一些台湾特产——凤梨酥供大家品尝。我依稀记得，通知里特别提到"两岸一家亲，血浓于水"等，这让我感受到了大陆和台湾之间的浓浓情谊。说老实话，当时我还不知道什么是凤梨，更是人生中第一次吃到凤梨酥。

我于1994年3月去英国留学，后来又到澳大利亚工作。其间尽管没有当面聆听赵先生的教诲，但所幸有朋友间的交流和对赵先生论文的学习，可以说赵先生对我的学术影响一直没有停止。

2002年我回国后有幸参加了赵先生亲自策划的国家重点基础研究发展计划（973计划）项目，因而也获得了更多的机会接受先生的悉心指教。面对我国东部沿海地区经济快速发展带来的环境污染问题，赵先生心急如焚。作为一位土壤地理学家，面对日益严重的土壤污染问题，赵先生花了很大的精力深入环境污染研究，并不遗余力地推动这项工作。

我在项目执行期间有幸多次接受赵先生的指导。说实话，当时有赵先生在场，我们年轻人做报告还是很紧张的，他总是非常认真地听报告，笔记也记得非常详细，写字很有力，真可谓"力透纸背"。我依然记得，他通常用三支笔做记录，分别是黑、红、蓝三种颜色，大概是根据内容的重要性和不同的类别来选择用哪种颜色的笔。他听得仔细、记得清楚，所提的问题总是很尖锐并切中要害，有时劈头盖脸地批评起来让人很难招架。赵先生的总结能力是惊人的。每个人讲完后，他常常一边翻看笔记本，一边把每个人的报告总结出三四个要点。在点评过程中，他的另一只手往往是举在空中，掐着手指数着这些要点。他的讲话总是富有激情，这种激情深深地感染了我们。赵先生这种对学问的热情和对科研的认真劲头，应该是我们晚辈永远铭记和学习的。

赵先生对土壤科学事业的热爱到了无可比拟的程度。第18届国际土壤学大会于2006年在美国费城召开，当时赵先生年事已高未能出席会议，但可以说他的心是去了大会会场的。会议结束后，赵先生根据会议相关文件和出版物，组织南京土壤研究所的研究生对一些重要文献进行翻译和编辑，以供国内土壤科学工作者参考。

赵先生对土壤科学的那份挚爱来自他的灵魂深处。我有幸在多个场合聆听过他的报告，以及他分享的年轻时的一些科研经历，讲到动情处他常常是激动到哽咽。赵先生对土壤学事业始终充满激情，并为之贡献了自己毕生的精力。

中国科学院院士 朱永官

2023 年 5 月 24 日

序　二

赵其国是我国著名的土壤学家，中国科学院院士。我于 1982 年考入南京土壤研究所，有幸成为赵老师指导的第一个硕士研究生。回首 40 多年师生情缘和交往点滴，他忙碌的身影、拼搏的劲头、直爽的性格和利落的作风，都给我留下了深刻的印象。

一、勤奋敬业、开拓创新的所领导

1978 年，全国上下吹响改革开放的号角，科技战线经过拨乱反正，迎来了"科学的春天"。百废待兴之际，赵老师被委以重任，担任南京土壤研究所所长。在此后任职的十几年时间里，老师整日忙碌的身影在我脑海中留下了深刻的记忆。那时，他正值壮年，十分珍惜来之不易的大好环境，全身心扑在南京土壤研究所的改革发展和土壤学科建设上，雷厉风行、敢想敢干，几乎到了废寝忘食、夙夜在公的地步，也让全所气象为之一新，形成了只争朝夕、开拓进取的浓厚氛围。

面对南京土壤研究所当时组织分散、经费紧张、人才匮乏、设备落后等重重困难局面，他大刀阔斧地推进改革，经常辗转奔波于北京、南京等地，到中国科学院、科学技术部等上级部门争取政策和项目等方面的支持。老师十分重视学科创新和基地（平台）建设，始终瞄准国家重大需求和国际学术前沿，敏锐把握学科发展方向，推动学科交叉融合，同时大力推进科技基础设施建设，不断改善科研条件。

红壤一直是老师情有独钟的研究领域，在他的亲自谋划和全力争取下，中国科学院红壤生态实验站（以下简称红壤生态实验站）于 1985 年在江西鹰潭建立，并于 1990 年成为首批中国科学院开放实验站，吸引了国内外一大批优秀科研人员来站开展合作研究，促进了学术交流和学科交叉发展。

记得 1984 年我硕士研究生二年级时，为学习和引进国际先进科研设施，尽快建好我国自己的野外实验站，南京土壤研究所决定由赵老师亲自率团到英国著名的洛桑（Rothamsted）实验站考察访问。但临行前，他突发急症，为不耽误行程，他在手术后身体尚未痊愈的情况下毅然登上了出访的飞机。那次访问很成功，通过学习借鉴洛桑实验站的长期定位试验和元素循环研究设施，南京土壤研究所很快在红壤生态实验站建成了我国首座大型原装土壤蒸渗仪（lysimeter）装置，布设了一系列长期定位试验，使我国土壤领域野外实验站的科研装备水平上了一个台阶，有力地提升了土壤发生学和土壤物质循环等领域的研究水平。如今的实验站已成为服务我国红壤区土壤和农业生态环境研究与农业绿色发展的重要科研基地。

赵老师还前瞻性地提出我国"土壤圈"研究的新方向，并于 1987 年推动成立中国科学院土壤圈物质循环开放研究实验室，为后来建立土壤与农业可持续发展国家重点实验室打下了技术、人才和科研条件等方面的坚实基础。赵老师视野宽、联系广，十分重视和大力推动土壤科学领域的国际交流与合作，多次在中国组织召开国际学术研讨会，结交了一大批国际同行朋友，也让中国学者有更多机会走向国际舞台。特别是 1991 年他亲手创办了英文期刊 *Pedosphere*（《土壤圈》），这是我国出版的第一份关于土壤学科的外文国际学术期刊，成为展示中外土壤科学研究成果、促进学术交流合作、提升我国国际学术话语权的重要平台。目前，该期刊已经进入中国科学院 SCI 期刊分区 Q1 区，成为亚洲地区最有影响力的土壤学国际期刊之一。

二、治学严谨、知识渊博的战略型科学家

土壤学是一门生命科学和地球科学交叉的科学，涉及物理学、化学、

生物学、地质学、地理学及农学等多个学科领域，基础性、综合性、应用性都很强。赵老师常说"万物土中生"，对土壤学及相关学科领域和交叉前沿都葆有浓厚的兴趣与求知欲，这也造就了他广博的知识视野、创新的思维方式、深厚的学术积累和超前的战略眼光。

他十分注重及时了解和把握国际土壤学发展的新趋势，善于学习吸收新知识新技术，不断培育土壤学科新生长点，拓展土壤科学研究新领域。他先后主持和参与了海南、云南等地的土壤及生物资源调查，黑龙江荒地资源考察，东南沿海经济发达地区环境调查，国家农业发展路线图和土壤保护战略制定等工作，推动了"黄淮海平原中低产田综合治理开发""南方红黄壤丘陵低产地综合治理研究""长江、珠江三角洲地区土壤和大气环境质量变化规律与调控原理""土壤质量演变规律与持续利用"等重大跨学科综合性科研项目立项实施，提出和加强了土壤质量、生态高值农业和功能农业等相关研究，发挥了战略科学家的作用。尤其是为我国黑土和红壤资源保护利用、黄淮海和南方红黄壤区域农业科技攻关做出了突出贡献。

赵老师治学严谨，具有躬身力行、攻坚克难的学者风范，工作起来有股"拼命三郎"的劲头。通常情况下，他每天早上五点多便开始了一天忙碌的工作。在野外考察、参加学术报告会等各类活动时，他总是认真做笔记，家中至今保留着几十本写得满满的笔记本。

1995 年 8 月，我随赵老师乘火车前往北京，为争取红壤科技项目进行汇报。当时天气炎热，车厢条件也很简陋，赵老师身上早已汗流浃背，手臂上还起了一大片红红的热痱子，但他仍津津有味地看文献，准备汇报材料。一下火车，又顾不得舟车劳顿，带着我直奔科学技术部进行项目汇报。

几十年来，赵老师的足迹踏遍了祖国的大江南北，也几乎走过了世界各大洲。每次陪他到野外考察，他都执意要和我们一起拿着铁锹下地，挖土坑、看剖面、采土样。记得有次我们劝他休息，他笑着说："这不算什么，当年在古巴、在热带雨林考察时，不但艰苦，还有危险，下地都得随身带着武器呢！"

赵老师虽早在 1991 年就当选中国科学院院士（学部委员），但生活上始终保持简朴，学术上始终执着追求。无论是在国内出差还是出国考察，他总是自己随身拎个包，里面装一些资料在路上看。他坚持和学生们同吃同住，一同下地，深入一线掌握第一手资料。花甲之年时，他还学会了自己用电脑打字、收发邮件。

三、爱才育才、提携后学的好先生

赵老师性格直爽、待人真诚，尤其关心年轻人的成长和生活。无论是对所里的研究生，还是对来开放研究实验室访问的青年学者，他都给予热情的关心和爱护。

早在 1988 年，赵老师就抓住国家决定设立博士后科研流动站的契机，及时在南京土壤研究所推动申报设立了全国最早一批博士后流动站，并争取各种支持政策建成了专门的博士后楼。之后，为吸引更多海外优秀青年人才，又专门划出一定比例的新建住房，用于解决归国人才住房的后顾之忧，这在当时职工住房普遍较紧张的情形下，是很需要魄力和决心的。

同时，在他的推动下，所里优先安排年轻人到重要岗位挑大梁，大胆起用了一批年轻人担任所长助理和研究室（中心、站）负责人，并创造条件让优秀青年科研骨干牵头承担重大科研任务、出国学习深造或交流访问。在职称评定、工作待遇等方面实施了一系列特殊倾斜政策，形成了优秀青年人才"出得去、引得来、留得住"的良好局面。

记得 1991 年所里举办"七五"科技成果展时，还专门开辟了"青春园"板块，给青年科技人才提供展示科研成果的平台，营造比学赶超、创先争优的氛围。在这样宽松向上的环境下，相当一批具有国际视野、科研能力和管理才干的青年科学家很快成长起来，大大缓解了当时南京土壤研究所的人才断层难题，也为我国土壤科学事业的持续繁荣发展储备了一批人才资源。

赵老师虽然工作很忙，行事风风火火，却是忙中有序、粗中有细。在我的印象里，他的办公室和办公桌总是整洁有序，生活中也很有条理。在我攻读研究生期间，正是赵老师刚任所长工作最繁忙的时候。即便如此，他对学生的请求总是有求必应，总能及时安排足够的时间，对学生的学业和科研给予悉心指导。我的研究生论文从选题、设计到野外作业、实验室分析、数据处理、写作定稿，他都全程指导、严格要求、环环把关，连一个标点符号的错误也不放过。

即使年过九旬后，赵老师仍在孜孜不倦地学习，笔耕不辍，直至生命的最后时刻。老师严谨求真的治学态度和诲人不倦的育人情怀使我深受教育，终身受益。记得他比较欣赏散文家乔叶的一首诗，题目是《自己的命运是自己选择的！》，其中有这样一段："选择了勤勉和奋斗，也就选择了希望与收获/选择了纪律与约束，也就选择了理智与自由/选择了痛苦与艰难，也就选择了练达与成熟/选择了拼搏与超越，也就选择了成功与辉煌！"他不但把这首诗记在脑海中，也以自己的实际行动诠释了如何选择。

农业农村部原副部长

2023 年 11 月于北京

前　言

中国自古以农立国，古人对土壤的重视和认识在各种文献中多有记载，尤其对土壤肥力的考察往往是古代农书的重要内容。现代土壤科学发端于19世纪的欧美，后逐渐传入我国。1929年，金陵大学农经系着手研究中国土地利用问题，需要土壤方面的相关资料，请美国土壤学家肖查理（Charles Shaw）来华，对长江中下游和黄河下游土壤进行概测调查。1930年，中华文化教育基金会决定拨款10万元委托农矿部地质调查所开展全国土壤调查工作。地质调查所聘请国内外专家并成立土壤研究室，开始对中国土壤进行系统的调查与研究，这是中国近代土壤科学研究真正开始的标志。以此为契机，侯光炯、侯学煜、李连捷、李庆逵、熊毅、马溶之、席承藩等人成长为国内第一代土壤学家，他们在土壤调查、土系鉴定和中国土壤图制作等方面都取得了令人瞩目的成就。1950年4月，中央人民政府农业部在北京召开全国土壤肥料会议，明确提出土壤调查及研究、荒地合理利用、水土保持和肥料四个方面的任务，对新中国的农业和土壤肥料科学工作具有重大的指导意义。

赵其国是我国著名的土壤学家，中国科学院院士。1930年3月24日出生于湖北武汉，1953年毕业于华中农学院（即现在的华中农业大学）农学系，随后被分配到南京土壤研究所工作。他长期从事我国及世界土壤地理与土壤资源研究，对热带土壤发生分类、资源评价等进行了系统深入的研究。在热带土壤发生研究中，他首次明确提出中国红壤具有古风化过程及现代红壤化过程两种对立统一的特征，指出运用红壤渗透水组成、游离铁等作为红壤化过程指标的重要性，为红壤的发生研究与定量分类提出了新的途径。他总结了以橡胶为主的热带作物开发利用与红壤分布及土壤性质的相互关系，首次提出以热量条件、土壤性质为标准的热带作物利用等级评价方案，为制定热带作物发展规划与布局提供了可靠的科学依据。为促进土壤学的发展，他提出了"土壤圈"研究的新方向，并于1987年牵头建立了土壤圈物质循环开放研究实验室。在长期参加南方红壤研究的基础上，他通过系统总结，提出土壤分区整治、退化土壤改良、土壤生态与环境评价的多种规划及开发方案。跨入21世纪，他在研究清洁农业的基础上，响应国家"构建我国生态高值农业产业体系"的号召，通过中国科学院对国家"十二五"规划提出了开展"生态高值农业"研发的具体设想。

"赵其国传"于2022年由中国科学院立项，旨在全面反映赵其国院士的成长经历。2015年，中国科学技术协会"老科学家学术成长资料采集工程"项目出版了《寻找沃土：赵其国传》一书，但因时间仓促，内容不够全面丰富，且有不少错漏之处。经过多方求证，特别是赵其国院士的家属李小平老师、儿子赵坚及女儿赵智等提供了新的资料，很多第一手资料得以在新的传记中进一步呈现。

本书以时间为轴线，从家世、中小学和大学的学生生活、华南橡胶宜林地考察、古巴考察到黑龙江荒地考察依次叙述，对赵其国在红壤研究、土壤圈理论、生态高值农业等方面取得的成就予以详细阐述。全书内容共分十章：第一章主要讲赵其国在武汉出生、重庆成长以及幼儿园、小学、中学的学习情况；第二章主要叙述他在武汉大学的学习和生活；第三章讲述他初到南京土壤研究所，从一个农科的学生成长为土壤专业的科技工作者的过程；第四章详细叙述了他在华南参加橡胶宜林地考察的情况，包括在雷州半岛、海南和西双版纳等地的活动内容；第五章对他在古巴的援建任务进行阐述，叙述了他是怎样学习西班牙语、怎样适应古巴的工作和生活的；第六章主要讲述他下放农村以及带队去黑龙江考察荒地的情况；第七章对他在黄淮海平原攻关低产田的情况进行了描述；第八章对他在红壤研究方面的贡献予以阐述，他提出了土壤圈理论，提供了土壤学科新的研究方向；第九章主要对他在生态高值农业、功能农业方面所做的贡献进行了阐述；第十章主要介绍了他在学科传承和土壤人才梯队建设方面所做的工作。本书结语部分总结了他的主要学术成就和优秀品质。本书也汇集了赵其国亲闻亲历的历史事件，从中可以了解他对学术、社会等问题的看法与心得，从侧面反映中华人民共和国成立以来土壤学科的发展历程。

为全方位展示赵其国的成长经历和学术成就，本书中插入不少图片。同时，为方便读者阅读，书中对主要人物、机构、事件进行了注释，方便读者进一步阅读时参考。附录部分还提供了赵其国院士的年谱、主要论著目录等。

限于笔者水平，对赵其国院士丰富而深厚的学术成长经历理解不够深入，把握不够全面，还望读者批评指正。

杨　坚

2024 年 12 月于南京

目录

第一章　家道中落苦读书

赵其国出生时家境很好，生活条件十分优渥，但年幼时家道中落，又遇上日军侵华，一家人不得不四散求生。少年时的赵其国随姑妈在重庆、武汉等多地生活，即使在最艰苦的情况下，也得到了很好的基础教育机会，特别是中学阶段，他被姑妈先后送入著名的四川重庆广益中学校（以下简称广益中学）和私立汉口上智中学（现武汉市第六中学，以下简称上智中学）学习。这两所学校的师资和设备皆优，管理极严。赵其国虽调皮，但懂事早，不敢辜负姑妈的期望，一直努力学习，成绩和品行都十分优秀。因早早住校生活，他还养成了独立处理各种问题的能力，为未来发展奠定了坚实的基础。

一、国破家散的童年

1930 年 3 月 24 日，赵其国出生于湖北武汉汉口一个富裕的家庭。相关材料记载，赵家祖籍江西景德镇某乡赵家大湾，祖上以驾船为生，到汉口来的祖先本来是驾渔船的，到赵其国的曾祖父赵金元、祖父赵玉元手上则以船舶运输为业。赵其国出生时，其曾祖父和祖父主要在长江上做煤驳运输生意，经营自有的"赵义记"运输公司，共有小轮船、驳船（木船）数十艘，雇人近百名，常年在长江上运输煤、大米等一些生活用品。到赵其国祖父接管经营时，"赵义记"有大小船只二十余条，在当时算得上是一个规模比较大的船运公司。

赵家住在汉口后花楼街，就在著名的江汉关旁边。汉口从 1861 年开埠以后，内外贸易不断发展，进出口货物种类日益繁多，货运量大幅增长，大大刺激了长江航运的发展。"赵义记"就是在这样的背景下逐步发展起来的。赵金元当家时，赵家比较兴旺，他一改子承父业的做法，执意将儿子赵玉元送到日本留学，希望他通过读书获取功名，未来能光宗耀祖。俗话说"天有不测风云，人有旦夕祸福"，谁也没想到，赵金元正值壮年却患病去世，赵玉元只得中断学业从日本回国，接手家里的生意，继续经营公司。

赵玉元共育有两女一子，老大是赵其国的大姑妈赵竞立，老二是赵其国的父亲赵玉麟，老三是赵其国的小姑妈赵毅立。民国时期，医疗条件和卫生条件都还比较差，即使在武汉这样经济相对发达的地方，也难免时疫流行。赵玉元夫妇后来一病不起，被送到医院后医生束手无策，二人相继离世。家中男丁一个接一个离去，无奈之下，赵其国的曾祖母领着 3 个年幼的孩子苦苦支撑，当时赵竞立才 9 岁，赵玉麟 7 岁，赵毅立只有 4 岁。几年以后，赵其国的曾祖母也染时疫去世，赵竞立姐弟三人相依为命，作为老大的赵竞立不得不操心起家里家外的事务。

赵其国的父亲原名赵齐林，后来自己改名赵玉麟，17 岁时与曾亚芬结婚，曾亚芬 18 岁时生下赵其国。赵竞立当家时，赵家条件还算不错，但赵玉麟接手后不务正业，不长时间就把家里的财产都败光了。前后也就两年时间，驳船卖的卖、抵的抵，还有些借给人家经营赖了不还，失去了收入来源，赵家无奈破产。赵其国长大后听姑妈说，他过一周岁生日的时候家里条件还不错，来了很多人，十分热闹，但在他自己的印象中，从记事起，就知道家里经常有人上门来逼债，家庭经济情况已是大不如前，基本上算是破落了，仅有一两条船。赵其国的伯父、叔父原先都在"赵义记"里参与经营，到赵玉麟当家时，大家看不惯他的行径，慢慢地都分开了。叔伯兄弟之间常常因为经济纠纷闹矛盾，最后各自退股，把船都拉走自行经营。虽然"赵义记"垮了，但是赵其国的伯父和叔父经营的小型运输公司却逐步发展起来，中华人民共和国成立以后，公司更名为"大众运输公司"，并持续经营到公私合营时期。

赵其国的曾祖父和祖父虽然都是驾船做生意出身，但都十分重视子女的教育。赵玉元就被送到日本留学，如果不是其父亲赵金元突然染病去世，或许其人生会是另外一番样貌。当时女子进学堂读书还是新鲜事，但赵其国的

1931 年，赵其国一周岁时在汉口拍摄的纪念照

　　大姑妈赵竞立也被送到学校去上学，上的还是新式学堂，一直上到高中毕业。她不仅写得一手漂亮的毛笔字，还学到了很多知识，这在当时很不简单，文化程度算是很高的了。可以说，从那个时候开始，赵家已经对后辈通过教育成才有了很深的认识，这也在赵竞立的心中留下烙印，为后来竭力培养赵其国奠定了基础。

　　赵竞立对赵其国极其关心和爱护，对他的影响很大，等于是他的再生父母。赵玉麟不争气，她也很着急，但没有办法，只好把心思和希望全放在幼小的赵其国身上。1934 年 2 月，赵其国被送进圣保罗幼稚园（今武汉江岸区南京路幼儿园）接受启蒙教育。这家幼儿园是 1922 年美国圣公会在汉口开设的，当时从各方面条件来说都算是最好的幼儿园。平时所设科目一般为谈话、手工、游戏、唱歌、识字、计算 6 门，因为是教会开办的幼儿园，所以还有一些教会的活动，如做礼拜、唱赞美诗、讲《圣经》故事等，也教一些简单的英文，其中不少教师都是由传教士担任的[①]。对于上幼儿园，赵其国还有一点儿记忆，但对启蒙教育方面的内容记得并不很多，只记得当时在幼儿园里面一起玩的几个小朋友。

———————————

① 武汉地方志编纂委员会. 1991. 武汉市志·教育志. 武汉：武汉大学出版社：127.

　　家里境况一直没有改观，反而变得越来越差，赵其国的两个姑妈也想办法各奔前程。赵竞立一个人实在支撑不了这样一个大家庭，感觉自己年龄不小了，家中也没有长辈，就自己做主把自己嫁了。姑父名叫武诚礼，当时在武汉海关工作，担任江汉关税务司副司长。姑父人不错，赵家当时在武汉也是一个大家族，所以两人都比较满意。结婚以后，赵竞立就搬出去住了，自此之后很少回来照顾幼年的赵其国。1936年夏天，武诚礼被调到重庆海关工作，担任高级职员，赵竞立随同他搬到重庆生活。不久，赵毅立也决定离开家到河南信阳义光女中读书，后辗转到重庆谋生。

　　1936年9月，赵其国进入汉口扶轮小学读一年级。民国时期，大凡铁路部门创办的中、小学校，都统称为"扶轮中学""扶轮小学"。冠以"扶轮"二字，以示铁路系统是一家，这是民国时期铁路职工子弟中小学的专用名称，在全国各铁路管区都有。因为当时铁路系统经济条件较好，所以所办学校各项设施均较优良，课程正规，管理也比较严格。学生的生活实录册上除了学业成绩外，还有品行考查记录，每学期都有相应的评价。

　　1937年，日本侵略者的炮火打破了很多人平静的生活，南京告急，武汉危在旦夕，一切正常的秩序都被打乱。当形势一天比一天紧张的时候，大家都在准备向西转移，迁往四川大后方，这是当时沦陷区人民最佳的选择，但又是许多人可望而不可即的事情。当时武汉局势动荡，作为九省通衢之地、长江航道要冲，各种人员从全国各地不断涌入。年幼的赵其国不知父亲在哪里，家里也没有其他可以做主的大人。赵竞立虽身在重庆，但心里一直惦记着在武汉的赵其国兄妹二人，多次托人带信过来，催他们赶快去重庆以避战火。当时通信不便，很多时候都是姑父武诚礼通过海关的关系托人找到赵家送信。

　　离开武汉的前一天，久未见面的父亲突然回到家中。赵其国清清楚楚地记得，父亲带自己到街上买了两套衣服，又买了一点儿水果，亲自将自己和妹妹送到准备前往重庆的船上，交给他堂兄弟家的一位亲戚照看。父亲还很细心地在赵其国的背后贴了一张纸条，写上姓名和联系人，并再三交代船上的亲戚后方才离去。未料此次一别竟是父子见的最后一面，此后父亲便音信皆无。

　　将儿女送上船以后，赵玉麟马上打电报告诉在重庆的赵竞立，告知船期，请她去码头接孩子，并安排好生活。赵其国和妹妹溯江而上，坐了三天时间的船，船在宜昌和万县各停了一次，靠泊码头上下旅客和货物，然后继续前行，最后抵达重庆。这次旅程的情形，尽管时隔几十年，赵其国仍然记得很清楚，因为那是他与父亲见的最后一面，也是年幼时第一次出远门。

二、辗转躲避战乱

到重庆以后，妹妹赵旭华被送到已在重庆的曾亚芬身边，随母亲一起生活，赵其国则被赵竞立带到自己家里。因为武诚礼在重庆海关担任高级职员，所以家里条件比较好。但在重庆没住多久，因姑父调动到四川宜宾的海关任职，全家又一起迁到宜宾，住在宜宾县东城镇。1937 年 9 月，赵其国被送到宜宾县东城镇中心小学继续读小学。抗日战争（简称抗战）期间，日本侵略者的战机经常会过来轰炸，一般隔一个星期就要来一次，空袭警报拉响后，人们马上就得找地方躲避轰炸。刚开始日军的轰炸还不是很频繁，到后面次数越来越多，人们躲警报的次数也越来越多。为了躲避轰炸，1938 年，赵其国随大姑妈一家到四川泸县的乡下住了一段时间。

1938 年，赵其国在四川泸县所住的房子前留影

注：后来，赵其国在照片背面写道："这是我，是八岁时的我，是十年前的我。我站着，头顶破了天。"因为洗印照片时把他头顶上的部分切去了。

住在城外，各方面条件都不是很好，生活、工作很不方便，考虑许久，武诚礼决定还是搬到宜宾城里居住。但全家搬到城里以后，小学就离家比较远，差不多有 10 公里，来回就是 20 公里，赵其国每天上学、放学极不方便。武诚礼与赵竞立商量以后，做了一些调整，干脆让赵其国住校。这样，赵其国平常就住在学校里，每个星期六回家一次，整理衣物，改善伙食以增加一点儿营养。去学校时，大家会带一点儿咸菜或者酱，称作"私菜"，就是每个住校的人都拿一个小陶坛子装上咸菜或酱，有好有差，不过那时条件艰苦，大多数同学的"私菜"都差不多，带到学校就着稀饭和馒头吃，给自己加餐。条件好一点儿的人家可能会带点儿咸肉、咸鱼或者香肠之类的，不过这样的学生很少，大多数学生都是带咸菜或酱。赵其国平常就在学校吃饭，学校里有食堂，供应三顿饭，但是没有什么好菜，也就是填饱肚子而已。饭钱都是赵竞立交的，赵其国也不知道每次要交多少，只是有时在家，听到姑父和姑妈两个人为生计轻声拌嘴，赵其国就猜测自己住校读书肯定需要花不少钱。

由于赵其国是赵家长孙，又是"独苗"，所以姑妈对他极为疼爱，一心要他刻苦读书，并加以严格管教。赵竞立不仅要求他在学校每门功课的成绩都要达到 80 分以上，而且要求他品行成绩不准低于甲等。赵其国记得有几次仅仅因为公民课考试不及格，结果回家就挨了打。一方面，是时世纷乱，父母不管，由姑妈照顾来读书已属不易，所以必须要发奋努力；另一方面，姑妈管教很严，从不给他偷懒的机会。因此，赵其国在学习中，"虽然不懂，但也要死背，争取分数。虽然调皮，但也要装得规矩，以赢得优良的品行成绩"[①]。正因为这样，赵其国在学校学习期间，一直保持着良好的成绩。

1942 年 2 月赵其国从宜宾县东城镇中心小学顺利毕业，6 月进入宜宾县县立第一中学初中部继续学习。1943 年 6 月，全家从宜宾回到重庆。姑父回重庆以后，在长江南岸的重庆海关工作，并将全家都搬到长江的南岸。不久，在姑父的努力下，赵其国转入广益中学读书。

广益中学建在长江南岸的南山上，英文名称是 Friends High Shool，原本是一所教会学校。赵其国从小进的学校都是教会学校，这是因为姑妈们

---

① 赵其国人事档案中的入党思想汇报，现藏于南京土壤研究所人事处。

认为这种学校规矩些，学生用功些，因此有时她们宁可变卖度日，也要坚持将孩子送进此学校①。广益中学学费很高，当时全年费用 130 元，分两期交付，其中学费 30 元、伙食费 64 元、杂费 8 元、住宿费 8 元、服装费 10 元、图书阅览费 4 元、印刷资料费 4 元、卫生费 2 元。单就伙食费而言，全年仍需 64 元，相当于当时普通人两个月的工资，这对普通家庭来说，是很大的一笔开销。一般在该校上学的人非富即贵，武诚礼通过重庆海关的熟人介绍，免除学费，赵其国才得以在当时经济拮据的境况下到广益中学就读。

广益中学的前身是 1894 年英国伦敦基督教公谊会重庆分会在重庆城内创办的广益书院，1898 年改称广益学堂，1904 年英国伦敦基督教公谊会总干事陶维义由英国来重庆，募款建设新校区，学校更名为广益中学。几经波折，1926 年，杨芳龄正式出任校长，逐步将一所教会学校转变成私立中学，取消《圣经》修身课，虽然仍在用餐时祈祷、每周做礼拜，但已不属校规，也未强制学生加入教会。1930 年，杨芳龄校长邀请军政、教育、财经、实业各界有威望的人士为校董，成立广益中学第一届校董会，办学经费依靠收取高额学费和校董会的筹集。在此基础上，逐步扩大规模，办起了高中。尽管经费有限，但杨芳龄始终重视学校建设。至抗战中期，广益中学学生数达 800 人左右，多为住读，实验设备、体育设备齐全，藏书量达数万册，"已成为当时重庆设备和环境最优越的学校之一"②。

广益中学校舍建在山上丛林深处，园林化的校园内，奇花异草，万紫千红，蜂飞蝶舞，鸟唱蝉鸣。夜深人静时，尚闻松涛滚滚，几疑身在大海。来学校的人从长江边的龙门浩上山，爬上黄桷垭，已经汗流浃背。一旦进入校门，路两边松柏参天，即使遇上三伏酷暑，也让人倍感幽静凉爽。沿着阴凉的石板路，拾级而上，伴随着悦耳的鸟鸣，展现在眼前的是高大的教学楼、文峰塔下山窝里的运动场、无边无际的大片松树林。优美的校园和优良的读书环境，给每一个到广益中学来的人都留下了极深的印象。

1943 年 9 月，赵其国进入广益中学初中二年级学习。当时全校只有初一到初三共 6 个班级，200 多名学生都在一个大自习室里早晚集中自

---

① 赵其国人事档案中的入党思想汇报，现藏于南京土壤研究所人事处。

② 广益中学校校史研究会，重庆市广益中学，重庆市南岸区政协文史资料委员会. 1993. 重庆南岸文史资料（第九辑）：纪念广益中学校建校 100 周年专辑：89.

习。每人有固定桌椅，毕业班有单独的小自习室。校长、教务主任、训育主任、班主任轮流按时点名。楼上是办公室和师生宿舍，楼下是教室、自习室。教室按课程而不按班级分配，如数学教室、理化教室、生物教室、史地教室，这是广益中学的特色之一。教室内配备有相关的书刊、挂图、资料、仪器。学校图书馆中有丰富的中外图书，如"二十四史"、"万有文库"、各类辞典以及《不列颠百科全书》。实验仪器可谓应有尽有，仅显微镜就可每人一台，这在其他学校是罕见的。

广益中学校方十分重视课程师资力量的配置，杨芳龄校长当时延揽、征聘了不少因抗战内迁的优秀教师，不惜重金聘用高水平教师以提高教学质量。数学家何鲁、作家黄潮洋（碧野）、教育家赖以庄等，都先后在广益中学任教。不仅数学、物理、化学、语文、英语师资都特别强，吴子龄的地理课，更可谓一绝。他上课时极其严肃、认真，让人不敢掉以轻心，讲课内容也很有吸引力。他要求各班学生一律随时听讲、随时做笔记，课后再加整理、誊清，附上自己绘制的地图。他的课要求学生必备地图，会看地图，决不允许闭着眼睛空学。他的板书很讲究，每个章节结束时，他会自编一小段结束语，既有归纳，也有评论，就好似《聊斋志异》作者蒲松龄之异史氏曰之类的结束语，十分引人入胜。那时学生都到黄桷垭场（镇）上买一种名叫"水纸"的极薄而有韧性的透明纸，用于誊清笔记。一学期下来，笔记可以订成一本厚厚的册子。在吴子龄的课上从小练就的记笔记的能力，对于赵其国日后的学习和工作都有很大的帮助。

教会学校授课大都是用英语，广益中学本身对英语也比较注重，大多数课本都是用的英文课本。老师虽然有时讲中文，但主要是用英语讲。假期，如果学生不愿意回家，就可以住到牧师家里。学校里有许多牧师、修女，学生不需要专门指定住在某一家，很多学生都愿意去，他们去的主要目的不完全是学英语，而是品尝一些小点心，不过凭那一点点面包、饼干之类是吃不饱的。假如真的想学英语的话，那就会学得很好，因为在那里日常生活对话全是用英语，学生可以在不经意间掌握英语。

广益中学的学生一律住读，家住学校附近的也不例外。学生宿舍里，低年级学生睡单人木床，30多人住一间；中、高年级学生睡钢丝床，4—12人住一间。学校管理十分严格，校门口有专人看管，学生不能随便进出校门。学生如果想出学校，一般要等到星期六或者星期天才可以。学生如果想买一点儿零食、小吃，卖东西的人会挑着豆腐干之类的东西到学校里售卖。学校外面是一条不长的小街巷，临街开了不少店铺，售卖各式各样的零食和文具，但是平常学生不能出学校大门，必须全部待在学校里。

当时广益中学的管理很严格，老师惩戒学生常用的一种工具是竹子做的，就是一截毛竹，一头劈开成 4 片，另一头拿在手上，有的用绳子缠一下，也有不缠的。对于犯了错误的学生，受罚者要把手伸出来，手心向上，打手心，这个手打 5 板，那个手打 5 板。还有一种更严厉的惩罚方式，就是罚跪，罚跪以后还要面壁罚站。所以，大部分学生表现得规规矩矩的，从来不闹事。

广益中学有以下特点：第一，比较严谨，不参加所谓的闹课，比较稳定；第二，化学、英语、数学、物理这些最基础的课程教得比较好；第三，学习外国人身上的某些良好的生活方式；第四，同学之间感情比较深，因为假期经常一起在牧师、修女家生活，赵其国交了几个比较好的朋友。1945 年在初中三年级的时候，赵其国加入同班部分同学组织的"旭雯社"。这个社是由一些兴趣相投的同学组织的，主要是篮球队的队友，大家平常经常在一起打球、郊游或聚餐，主要成员有郑尚权、郑世昆、包宗华、张天文、张木欣、肖光荣、刘德华等。

广益中学的淘汰率很高，曾有班级入学时全班 60 人，毕业时只剩下 18 人。学校实行学分制，学生每学期须修满 36 学分，不同年级略有差别，其中语文、英语、数学各 6 学分，其余学科为 1 学分或 2 学分。不及格的课程超过 3 科或 8 学分者留级，不超过者补考，补考仍不及格者留级，从未听说有照顾升学或照顾毕业的。严格的淘汰制确保了每一位毕业生品学兼优。每学期期终考试结束学生放学回家前，家长已收到成绩报告单。总有人得到不愉快的评语："品学俱劣，下期毋庸返校。"①但赵其国的学习成绩及其他各方面表现一直很好，他曾在入党思想汇报中这样写道：

> 我思想却非常明确：无论如何，我必须应付学习，并保证获得一定的业务与品行成绩，否则对家人讲，我将会遭到极大的不幸。为此，

---

① 广益中学校校史研究会，重庆市广益中学校，重庆市南岸区政协文史资料委员会. 1993. 重庆南岸文史资料（第九辑）：纪念广益中学校建校 100 周年专辑：57.

我仍善于抓紧时间学习，特别是在考试前，成天苦读苦背，最后毕竟争得了良好的业务成绩。在这样的情况下，非但赢得了老师对我的好感，在品行上对我有良好评价，而且正因为我学习努力，一直指定我担任全班的级长。[①]

广益中学实行淘汰制，初一招三个班，到初三时只有一个班，升高中时如就读本校，学生还要照常参加升学考试。高一招两个班，到毕业时只剩下一个班。1945 年 9 月，赵其国以优异的成绩升入广益中学高中部学习，为自己的未来发展奠定了坚实的基础。

三、抗战时期的重庆生活

抗战时期，大量人员涌入重庆，重庆虽然在城市建设、工业经济方面发展很快，但随着战争的持续，市民生活也越来越艰难，住房困难、交通拥挤、物价上涨和生活用品匮乏成为越来越普遍的社会问题，深刻地影响着普通市民的日常生活。在重庆，"谈到物价，其飞涨程度可使你老大吃惊。本来物价飞涨是受生产力、汇价和通货、运输与操纵等各种因素的鞭策而造成的。现在日用必需品的物价，如最普通的蓝布涨至一元一角一市尺，零售的煤油要卖三个法币一市斤，其他奢侈及消耗的商品，更不必论了"[②]。这样的生活状况，连年少的赵其国也深有感受。

赵竞立与武诚礼结婚以后，连续生了 3 个儿子，加上武诚礼的前妻亡故后留下的一个女儿，大大小小一共有 4 个子女，再加上赵其国，总共有 5 个孩子。俗话说"半桩子，饭缸子"，5 个孩子中有 2 个正是长身体、饭量大的时候，还有 3 个是非常幼小需要额外增加营养的时候，每天一睁眼，全家 7 张嘴等着吃饭。武诚礼在海关工作，作为工薪阶层，在物价飞涨的情况下，根本不可能负担这么多人的生活，何况还处于战争时期，经济状况更是雪上加霜，所以对他们来说，生活的压力很大。虽然赵其国在广益中学的高额学费已免，但伙食费还是要交的，每月花费不菲，可以说赵竞立一家对赵其国的帮助已经达到极限。

---

① 赵其国人事档案中的入党思想汇报，现藏于南京土壤研究所人事处。
② 思红.1940.重庆生活片段.旅行杂志，(4)：9.

1939年，赵其国（右二）与赵竞立（左三）及她的四个孩子住在四川宜宾时的合影

在家里，5个孩子都是赵竞立的心头肉。随着生活变得越来越艰难，赵其国也非常体谅姑妈，从来不说在外面没钱花，很少向他们要钱，尽量避免让姑妈为难，都是姑妈主动给他伙食费和零花钱。过年的时候，赵竞立与武诚礼都会给孩子们买衣服、分糖果，赵其国耳朵灵敏，大年三十晚上给孩子们分糖果分得不均的时候，就会听到姑妈跟姑父拌嘴，甚至压低了嗓门争吵。即使平时在家中吃饭，饭桌上也特别能体现出长辈的偏爱，年龄小的孩子不太能感觉得到，但赵其国当时已经上中学，自然能体会个中滋味。

赵其国的小姑妈赵毅立比赵竞立小5岁，从河南信阳义光女中毕业后就到重庆与姐姐会合。到重庆以后，赵毅立发现原来学校的同学，也是和她关系非常要好的女同学叶懿莹也在重庆。叶家原来做小生意，开面馆、卖豆皮（武汉当地一种价廉味美的小吃），到重庆以后，赵毅立也没有找工作，当时手上还有些积蓄，就拿出一些钱入股到叶家开的面馆，以此维持生活。因为店里人手不多，赵毅立就在店里忙前忙后，平时住在店里，跟叶懿莹等一起生活。

在重庆期间，赵其国从学校回来以后，有时到大姑妈家里去，有时也到小姑妈那里。小姑妈十分喜爱这个有出息的侄子，经常在别人面前夸他聪明、懂事、会读书。在叶家面馆里，赵其国有时也帮着打打下手，当时正是嘴边上影影绰绰开始长胡子的年龄，因为平时经常在学校打篮球，手臂比较粗壮，就挽起袖子帮着打面条。打面条是个力气活，一团面放在案板上，要用一根长长的竹杠反复压，这些工作平常都是叶家的伙计做。赵其国觉得店里就数打面条有意思，常常干得满头大汗。小姑妈心疼他，叫他多休息，不要伤了神，影响读书。但赵其国总感觉精力充沛，浑身有使不完的劲儿，或许也是以这种方式感谢小姑妈对自己的关怀与培养。有时时间太晚了，赵其国就在店里吃一碗豆皮或者面条，碰上生意好，小姑妈还会给他零花钱，算是劳务费。

抗战时期，日机频繁轰炸我国后方，为躲避日机轰炸，每当日机来之前，警报就会拉响，人们闻声躲避，故名"跑警报"。重庆作为"陪都"，自然成为日机轰炸的重心，"跑警报"也成为重庆市民日常生活的重要组成部分。当时，重庆长江与嘉陵江之间没有桥，警报拉响时，"有的乘轮渡木船，过南岸上山躲藏，或顺流东下，到溉澜溪等地避难；陆上出口，只有一条沿嘉陵江西行的公路，阔佬的小轿车与客车、人力车挤在一块儿各奔生路，顿时车水马龙、人喊马叫，川流不息"①。有时会有上千人去防空洞躲避，因为炸弹丢得很多，往往是一批又一批地反复轰炸。重庆南岸要好一些，北岸的房子很多都被炸没了。老百姓经常躲在防空洞里面不能出来，没有吃的，而且里面空气混浊，人呼吸也不畅，有时候几百人，有时候上千人，赵其国亲身经历了好几次。有一次，赵其国跟着大姑妈一家躲在一个防空洞里，选择在靠洞口的那一头，因为姑父比较有经验，知道要躲在靠外面的地方，不让大家往里面挤。有的人不知道，也可能是因为害怕，就拼命往防空洞里面挤，里面地方小且人多，空气稀薄，有人就被闷死了，那个防空洞里有一次就死了3个人。这段亲身经历成了赵其国十分刻骨铭心的记忆。

在广益中学上学期间，学生全部住校，星期五下午放假，星期天下午再回学校，下午6点关校门，迟到就进不了学校，晚自习的时候还要点名。广益中学在南山上，步行的话要翻几个小山坡，爬300多米高的山，山坡很陡。除了步行，还有两种走法：一种是坐滑竿，两个人抬滑竿，人坐在上面，价格比较贵，一般学生都坐不起；另一种是骑马，由一个马娃牵着一匹马，学生坐在马背上往山上爬，上山和下山都可以骑马。有时候姑妈

---

① 中国人民政治协商会议四川省重庆市委员会文史资料研究委员会. 1995. 重庆文史资料选辑（第四十三辑）——纪念抗日战争50周年专辑. 重庆：西南师范大学出版社：140.

给的钱省着点儿用尚有节余，赵其国偶尔也可以骑马上下学。广益中学的学生大都喜欢骑马，当时从江边到学校骑马，仅作交通工具而已，学生们都不过瘾。于是一些学生趁校长不在时，就溜出学校去骑马，东到清水溪、汪山，西到桐梓坪、老厂，南至南温泉，骑马成了广益中学学生的传统一"绝"，学校虽有禁令，但未起作用。赵其国也偷偷和同学出去玩过一次，是同学帮他付的钱，没敢跟姑妈讲，因为姑妈觉得骑马很危险，从来不允许他骑。

赵其国住在学校里，被子、衣服都是自己洗，这些事情他从小就自己干。有同学换下来的旧衬衫不要了，赵其国看着合适就拿过来穿，因为平时根本没有钱买新衣服，在重庆的几年，穿的都是学校发的校服，冬天和夏天都有成套的校服，免了好多烦恼。学校收费比较高，赵其国一直是免交学费的，一开始因为是姑父通过熟人介绍入校的，但后来主要还是因为成绩出色而免除学费。当年的广益中学虽有"贵族学校"之名，但据称品学兼优的学生可以免除全部学费，成绩差者绝无"议价"滥收。

中学时期是人生发展的重要时期，学生人格的提升，世界观、人生观、价值观的确立和道德观的形成大都是在这一时期成形的。赵其国的好多生活习惯都是在学校养成的。

小学、初中、高中阶段的生活，赵其国都是在没有父母关心的情况下，由大姑妈一手安排的。虽然一家人在重庆生活艰苦，但还算过得去。1944年夏天，大姑父因在乡间工作中暑，吃下数十粒消炎片，结果导致肾中毒病倒，1945年抗战胜利后不久即在重庆去世。

大姑父去世后，大姑妈带着5个孩子，生活顿感困难，适逢很多人纷纷返回武汉，于是她也想回去看看，另谋生计。考虑到赵其国仍在上学，不宜中断学业，大姑妈就托人介绍自己去重庆罗斯福图书馆工作。不过，图书馆薪水微薄，难以抵消物价飞涨的影响，1947年夏天，大姑妈考虑再三，还是带着赵其国和其他几个孩子坐船返回武汉。作为海关职员的遗孀，回到武汉以后，大姑妈带着孩子们住在海关安排的集体宿舍里，前后住了大约两年时间。

四、上智中学短期修习

大姑妈带着5个孩子回到武汉后，因为失去了主要经济来源，生活过得十分艰难。到汉口时手里只剩下二十几两黄金，这是之前的积蓄加上武诚礼去世后变卖衣物、家具所得。思虑再三，大姑妈将这些黄金悉数存入赵其国的二伯父赵玉德的运输公司，每月取利息20余万法币以贴补家用，当时大姑妈的3个儿子均进学校读书，全靠此利息维持全家生活。赵其国的几位伯父、叔父仅仅是同一曾祖父，算起来差不多已快出"五服"。赵玉元在世时，几家也曾一起靠"赵义记"做煤驳运输生意，到赵玉麟经营时逐渐分道扬镳，各自经营。一开始赵其国的伯父、叔父或买或借几条船开起了运输公司，本来没"赵义记"大，也没有"赵义记"的船多，但一直本分经营，加上彼时的主要交通工具就是轮船，客货来往都很多，所以公司生意很好。大姑妈为了让赵其国的生活、学习条件更好一些，还特地安排他住到伯父、叔父的家里。

赵其国有两个伯父和三个叔父，每家都有很多孩子。因为当时赵其国还未从广益中学高中毕业，伯父、叔父们就说赵其国原来上的广益中学是教会中学，而武汉的教会中学是上智中学，于是就把他送到上智中学继续读完高中，所需费用都从大姑妈的股份红利中支出。赵其国在家中的孩子们中学习是最好的，人又规矩，是大家学习的榜样。1947年7月，赵其国进入上智中学高中部学习，修完最后一年的高中课程。

1948年7月20日，赵其国（第三排右五）高中毕业时与同学合影留念

上智中学位于汉口球场路 64 号，是当时"武汉三镇"一所著名的贵族学校，校园开阔，校舍典雅，前临大片湖泊田野，侧面和背后与怡和村花园及西商跑马场相连接，空气清新，环境幽静，是一个安心读书、舒心休养的好地方。学校很注重美化校园、充实设备，曾有学生回忆入校时的心情："矧上智虽曰私立而地址清静，校舍宏大，且闻设备周全，至若理化实验仪器尤杰出于武汉各校，必不吾负也，志遂决。"①

上智中学的前身是创立于 1903 年的德华学堂。第一次世界大战结束后，汉口德租界被收回，德华学堂也被政府接管，改名为湖北省立汉口中学。1923 年调整校名，更名为湖北省立第三中学。1933 年湖北省天主教总主教希贤（Eugenius Massi）报请意大利政府，利用"庚子赔款"内拨款，从德国东方学会买得湖北省立第三中学全部产权，于 1935 年在原址创办一所男校，定名为私立汉口上智初级中学。1938 年立案并成立高中部，正式定名为私立汉口上智中学。

上智中学的办学主旨不仅在于教授学生知识，更重要的是要培养学生平等、博爱、勇于牺牲的精神，培养学生的道德操守和优秀品质。训育、级训和操行都是上智中学对学生具体的道德要求与规范形式，也是培养学生良好人格的重要方面。上智中学将学生的操行与学生的学业升降标准挂钩，学业成绩与操行成绩并重。将学生的学业成绩及操行成绩分为甲、乙、丙、丁四等，丙等及以上为及格，丁等为不及格；对学业及操行不及格的学生，依成绩考查规定，分别降级、留级、退学。严格规范升级、留级制度，不仅有单个学生的留级，而且有"全班留级"的非常之举②。

在广益中学学习时，赵其国的数学、化学、物理、英语等基础学科学得比较扎实。上智中学与广益中学一样，教授科目涉及历史、地理、文学等多个门类，赵其国的历史、文学基础就是回武汉以后在上智中学打下的。上智中学的英语教学也不错，赵其国的英语是班上最好的，他能直接用英语与老师对话。有一次，赵其国还在学校组织的演讲比赛中用英语演讲，题目是"Smoking and Gambling"（吸烟和赌博），讲的是吸烟和赌博的危害，对此印象特别深刻。

上智中学十分重视学生的全面发展，既重视主科，也重视体育和音乐。

① 湖北省武汉市第六中学校史编写工作小组. 1993. 武汉六中九十年（1903—1993）: 9.
② 湖北省武汉市第六中学校史编写工作小组. 1993. 武汉六中九十年（1903—1993）: 9.

学校的足球、篮球、排球和田径水平在武汉全市都名列前茅。同时，学校还不惜重金组成管乐队，聘请专职教员严格训练学生，不仅培养和发展了学生的音乐才能，而且提高了学校的影响力。在上智中学高三教赵其国化学、物理的罗维岳老师，课余时间还教学生跳踢踏舞。

1948年，小姑妈赵毅立也回到武汉，跟叶懿莹一家在汉口合开了一家小面馆。赵其国从上智中学毕业以后，从学校搬出来没有地方住，大姑妈的孩子多又住在海关宿舍，他觉得自己再挤过去会给大姑妈增加负担，便决定搬到小姑妈那里去住。

因为上智中学的毕业时间和武汉大学的入学考试时间刚好错开，连招考的时间也错过了，必须要等到第二年才能报名参加入学考试，所以赵其国只好在家中再补习一年备考。赵其国每天复习功课，看书看到很晚，小姑妈就专门为他准备了一个房间看书。虽然伯父、叔父们大都居住在武汉，但赵其国一般过年的时候才跟兄弟姐妹们聚一聚。

1949年春节，赵其国（后排左二）在汉口与堂兄妹、表兄妹一起合影留念

赵其国对大姑妈、小姑妈的养育之恩一直念念不忘，可以说没有两位姑妈的照顾和帮助，自己的成长之路不知道会是什么样子。他后来上大学基本独立以后，大姑妈带着她自己的四个孩子一起生活，大家平时也不常见面。大姑妈的四个孩子都有很好的出路：大儿子后来到山西太原的邮政局

工作，二儿子进入陕西的一家银行工作，三儿子考取了清华大学建筑系，大女儿在武汉结婚嫁人。赵其国大学毕业到南京工作以后，儿子和女儿出生后，大姑妈都曾过来帮忙照看。儿子赵坚，她很喜欢，带了两三年；女儿赵智，因为年纪大了，带不动了，她只带了一年。因为住房较小，人口又多，之后不久大姑妈从南京回到武汉生活。小姑妈在武汉嫁给了一位银行职员，两个人一起生活了十几年，婚后也没有生育，而是领养了一个孩子。小姑妈夫妇去世以后，赵其国每年都寄钱给这个孩子，前后有十年时间，直到他结婚成家。赵其国对家里的老一辈，尤其对养育他的大姑妈、小姑妈充满感激之情，后来大姑妈去世，还专门赶回武汉安葬了她。

1983 年 3 月，赵其国（中）与大姑妈赵竞立（右一）、
小姑妈赵毅立（左一）在武汉长江大桥合影留念

第二章　多彩大学生活

1949年5月，武汉解放，赵其国的人生也从此掀开崭新的一页。1949年9月，赵其国考入武汉大学农学院，虽非自己选定的志愿，但他认真地学习作物栽培等农学课程，得到陈华癸等老师的赏识。同时，他还积极参加学生会的工作，组织开展各类学生体育活动，并在大学期间加入中国新民主主义青年团，逐步显现出一定的组织领导能力。

一、学农也要学好

赵其国的物理、化学和英语基础是在广益中学打下的，历史、地理和语文知识水平又在上智中学有了更大的提升。在家等待新一年大学入学招考期间，他丝毫没有放松学习。当时有不少大学在招生，但考试通过率较低，像武汉大学这样的著名大学，招考更是严格，可谓百里挑一。保险起见，赵其国在报名时填写了两个志愿，第一个志愿是北京医科大学口腔医学专业，考虑到当时做医生前景比较好，自己也很感兴趣；第二个志愿是武汉大学农学专业，虽然不是心中首选，但考虑到离家比较近。结果两所学校都录取了他，家人讨论时，大姑妈、小姑妈都觉得北京距离家太远，而他年龄尚小，不放心他一个人远行，因而坚决不同意他到北京去上学。最后，赵其国放弃了当医生的梦想，带着简单的行李到武汉大学农学院报到。

武汉大学农学院成立于 1936 年，1938 年并入国立中央大学，抗战胜利后，武汉大学于 1945 年 7 月由四川乐山迁回武昌珞珈山，1946 年恢复农学院，院长为著名林学家、国立武汉大学建筑设备委员会委员、选定珞珈山校址的叶雅各；同年秋恢复农艺系，增设森林系，并开始招生；1948年增设农化系和园艺系，当时全院有教职工 40 余人、学生 200 余人[①]。

1949 年 5 月，武汉解放，武汉大学农学院由杨显东[②]任校务委员兼农学院院长。9 月，赵其国进入该校学习。武汉大学农学院有农艺系、森林系、园艺系和农化系，赵其国入学以后发现系与系之间、专业与专业之间也没有完全分开，一年级时很多课程都是一起上的，学的基础课都是农学方面的课程，到了大学二年级的时候才开始分专业。赵其国一开始对农学并不感兴趣，但随着时间的推移，对农学的兴趣慢慢培养起来，感觉从事与农学相关的工作未来也是一条好出路。本来赵其国还有一些想法，认为自己应该向文学方面发展，觉得这样就业更容易一点，他的数学、物理虽然学得还不错，但是好像对化学反应之类的东西不够敏感。谁知阴差阳错，还是要跟这些科目打交道，赵其国只得耐住性子好好学习，越学越觉得有意思。

1950 年 2 月，杨显东调任农业部副部长，武汉大学改由杨开道任农学院院长，增聘了章文才、陈俊愉、王业蘧等十余位教授、副教授，加强了师资力量，同时增添了图书和仪器，进一步改善了办学条件，改变了过去沿用外文课本的做法，拟订了课程指导书，编写了中文讲义，并加强了教师的集体备课，加强了对学生的辅导，强化了理论与实际相结合的做法[③]。武汉大学的课程丰富，一年级的课程主要是数学、物理、化学、生物。学校很重视生物学，选用优质的生物学教材，还开设栽培学、育种学等课程。同时，学校十分重视开展体育活动，注重增强学生体质。到了二年级，学生开始选专业，分农艺和园艺两个方向，赵其国选的是农艺，因为农艺的范围比较广泛，包括遗传学、栽培学和土壤肥料学。四年级的时候，学生的毕业实习专门结合农艺学、园艺学进行，他们前往洞庭湖、鄱阳湖等地进行棉花、水稻、小麦等作物的生产实习，到工厂进行加工实习，包括学习如何做茶叶、如何种棉花等。赵其国选择油菜作为实习内容，实习内容

---

① 伍国轸. 1984. 华中农学院简介. 高等农业教育，（3）：76-80.

② 杨显东（1902—1998），湖北沔阳人，1927 年获金陵大学学士学位，1937 年获美国康奈尔大学博士学位。1949 年担任武汉大学农学院院长，不久奉调北京，被任命为农业部第一任副部长。

③ 华中农业大学校史编委会. 1998. 华中农业大学校史. 武汉：华中农业大学出版社：56.

1950 年，武汉大学春季运动会农学院全体学生在大操场中间合影留念

注：赵其国（第一排右八）在照片背面写道："那时的农学院是生机勃勃的。"

包括油菜的种植、采收、加工等。在老师的指导下，他和几位同学一起下地，一起进行观察和记录。

武汉大学在课程设置上特别强调基础学科的重要性，如农学专业的学生需要学习生物解剖学。赵其国选择了生物系的课程，包括解剖学、生理学、仿生学等。他还选修了化学系的课程，包括肥料的使用对土壤和作物的影响，以及氮、磷、钾等元素的作用。农艺系的主要专业课程包括遗传学和栽培学，还设有土壤肥料学课程，其他课程则涵盖政治、经济、文化和历史等。尽管武汉大学农学院没有专门的土壤专业，但农艺系还是提供了一些与土壤肥料相关的课程，只是数量不算太多。

武汉大学农学院当时的师资力量很强，杨显东、杨开道、柯象寅、刘后利都是留美博士，陈华癸、章文才、杨新美是留英博士，其他还有留学英国、日本等国的多位老师。其中有几位老师，给赵其国留下了十分深刻的印象。一位是教授遗传学的刘后利老师，他主要从事油料作物研究，学问做得不错，但英年早逝。一位是教授水稻栽培学的胡仲紫老师，他是武汉大学最知名的教师之一，培育了多个水稻品种，对学生也很好。一位是教授土壤学的陈华癸老师，教了赵其国等学生很多土壤方面的知识。李庆逵从国外回来以后，曾到武汉大学农学院做过几次讲座。陈华癸研究土壤微生物，李庆逵研究土壤农业化学，两人关系很好，与赵其国班上的同学，甚至农艺系几个年级的学生都很熟。

大学期间，赵其国养成了早睡早起的好习惯，晚上一般 10 点，最迟 11 点就上床休息了。他早上起得很早，一般清晨 4 点左右就醒了，他感觉自己的精力和记忆力在清晨是最好的。工作以后基本上也是晚上十点半睡觉，早上五点起床，几十年如一日，这些都是在大学里养成的习惯。

20岁正是年轻人成长定形的时候，能进入武汉大学这样一所综合性大学学习，可以说是赵其国人生新的起点，是对他一生都很重要的学习经历。他知道没有两位姑妈的苦苦支撑、悉心照顾和严格要求，根本不会有这样来之不易的机会，因而十分珍惜这样的机遇，一直抓紧时间学习，丝毫不敢浪费时间。

1950年7月，赵其国（前排右八）与武汉大学农学院农艺系全班同学合影

赵其国在上面这张照片的背面写道："这张合影是在1950年上学期我们班同学拍摄的，我们班共有33人，在一起生活将近一年，您看，都是盈溢着青年们的感情和快乐。记得照相的头天晚上我们还开了一次联欢会呢！"

二、参加学生会工作

在武汉大学读书期间，赵其国学习的时间占了2/3，还有1/3的时间参加学生会的工作，承担这些组织工作的经历为他日后的工作打下了两个基础：一是在政治上开始追求进步，二是工作能力得到了极大锻炼。

1949年冬季，赵其国入校不久即参加了农村"减租减息"运动，在这次运动及总结中,他生平第一次体验到农民生活的疾苦。通过与农民一起生活,赵其国感受到了农民勤劳、朴实、真诚的品质,加深了对农民的感情,纠正了自己对农民的偏见。回到学校以后,他开始积极参加团小组生活,负责农学院全院文体活动的组织工作,可谓尽职尽责。

1950年春,赵其国被选进武汉大学学生会,担任武汉大学第二届学生会康乐部副部长、执委,负责全校的体育工作。刚开始的时候,赵其国心里极其紧张,做梦也没有想过要组织多达几千人的学生活动。为此,组织与学校领导多次给予他帮助和鼓励,帮助他正确认识工作的意义,鼓励他逐步树立工作信心。赵其国想既然组织与同志们推举自己担任此项工作,也就是对自己工作能力的肯定和完成工作的充分信任,只要自己努力干下去,一定会取得成绩。于是,他虚心向学生会的学长学习、请教,并且深入学生中间了解情况,听取大家的意见和建议,在大家的共同努力下,顺利把工作开展起来。因为工作出色,有力地促进了全校学生体育活动的广泛开展,赵其国受到武汉大学学生会执委会的表扬。在此过程中,他深深地认识到党与群众力量的强大,深深体会到组织与同志对自己的关心和培养,内心有了争取进步的想法。

1950年夏天,赵其国(第一排左二)与武汉大学学生会其他成员
在学生会办公室前合影

1951 年初,当全国大规模地开展镇压反革命运动时,武汉大学举行了"六一纪念会"控诉回忆运动、"公审六一凶手"等活动。1947 年 6 月 1 日,国民党军警数千人包围学校,搜捕进步师生,遭到强烈抵制。面对手无寸铁的学生,军警开始血腥屠杀,当场打死 3 名学生,另有 2 人重伤、16 人轻伤,逮捕 5 名教授、14 名学生、3 名工人,制造了震惊中外的"六一惨案"①。在这次运动中,年轻的赵其国感到只有中国共产党才是真正热爱人民并领导人民坚决与敌人进行斗争的政党,这进一步增进了他对中国共产党的热爱。镇压反革命运动以后,紧接着的是抗美援朝与参军参干运动。在抗美援朝运动中,赵其国除了组织捐献活动以外,还积极组织农村与城市宣传工作。其后,在参军参干运动中,他两次均报名参加,从中接受了深刻的爱国主义教育,认识到保卫祖国是每个爱国青年应尽的义务。

学生会的体育部有专门的办公室,他经常在这里处理各种事情,包括组织和举办学生运动会等。当时武汉大学学生多,活动也比较多,如集合、练操、排队、走十字、做团体操等,每一次赵其国都会精心筹划。1951 年底,由于他在担任学生会的体育工作时能广泛发动群众,开展全校群众性的体育活动,并在培养数百名体育干部与组织全校体育活动上取得了较大的成绩,受到了武汉大学团委给予的个人与集体奖励②。

受当时环境的影响,赵其国在不得已的情况下也会去参加一些运动,但他从不乱来。他心里始终坚持一个原则:不该做的事情,坚决不做;在学习上珍惜每一分钟的时间,自己能够做到的,就拼命做,自己做不到的,就请教别人。大学是人生新的起点,必须珍惜。

赵其国通过承担武汉大学学生会的工作锻炼了自己的组织协调能力。后来他到南京土壤研究所工作,无论是担任考察队队长还是所长,在外面带队干活,一带就是几百人、上千人的队伍,在东北,他还指挥过 1200 多人的科研调查人员队伍。如果没有之前在武汉大学学生会工作的锻炼,完成这些工作是不可想象的。另外,赵其国还担任过武汉大学学生会组织委员,大学最后一年到华中农学院后还担任了华中农学院第一届学生会主席。这些学生会工作对他工作能力的锻炼非常有帮助。

---

① 华中农业大学校史编委会. 1998. 华中农业大学校史. 武汉:华中农业大学出版社:54-55.
② 赵其国人事档案中的入党思想汇报,现藏于南京土壤研究所人事处。

1953年春，赵其国（第二排右四）与华中农学院第一届学生会全体执委合影留念

上大学期间还有一个意外的收获：大学三年级的时候，赵其国与同班同学刘畹兰谈了恋爱，并且最终结为夫妇。一年级的时候大家不是很熟，两人基本上没有接触；到二年级的时候，相互之间已经很熟悉，而且因为经常开展各种活动，男女同学之间自然有更多的机会在一起；到三年级的时候，两人心中的情愫慢慢萌发，相互交往也多起来，最终确定了恋爱关系。

1953年7月，赵其国、刘畹兰于华中农学院毕业前夕在武汉合影留念

　　刘畹兰的父亲是武汉大学附属中学的语文老师，写得一手好字，经常给他人题字，写各种对联、大匾额，挂在一些大的食堂、饭店的门口。赵其国和刘畹兰两个人一起上学时，在学习上，赵其国经常帮助她；在生活上，刘畹兰的家庭条件比赵其国家好一些，在他经济困难的时候常常接济他。

　　当时学校并不反对学生谈恋爱，但不允许结婚。只要不妨碍工作和学习，问题还是不大。不过后来有一段时间不准学生谈恋爱，不久之后这一规定又被修正了。总的来说，大家也是比较注意，偶尔会在星期日一起出去玩，到学校对面的东湖边转一转、走一走，散散心。

第三章　分配到南京土壤研究所

1953 年 8 月，大学毕业的赵其国被分配到南京土壤研究所工作。他虽然不是土壤专业的毕业生，但并没有抵触心理，而是积极地投入实际工作中，在马溶之、熊毅①、李庆逵等人的带领下，很快就掌握了专业知识，不但能独立开展野外调查和布置肥料试验的工作，还逐步成长为青年骨干，深得李庆逵等的信任。

一、中国土壤研究重镇

南京土壤研究所的前身是 1930 年成立的中央地质调查所土壤研究室。1913 年 2 月，丁文江任中华民国工商部地质科科长，积极推动在工商部成立一个学校性质的地质研究所，同时将地质科改组为地质调查所，并担任所长。1920 年 7 月，地质调查所划归农商部直辖，1921 年丁文江辞职后，由翁文灏代理。1926 年翁文灏正式出任所长，1928 年 6 月，南京国民政府北伐成功，将地质调查所改为农矿部地质调查所。1930 年 12 月，改为实业部地质调查所，英文名为 The Geological Survey of China，即中国国家地质调查所，实际是全国地质调查和地学研究的中心。1935 年

---

① 熊毅（1910—1985），贵州贵阳人。土壤学家，时任南京土壤研究所研究员。1932 年获北京大学农学院学士学位，1949 年获美国密苏里大学硕士学位，1951 获美国威斯康星大学博士学位。

底，实业部地质调查所由北平迁往南京，在北平原址设分所。1937 年因抗战全面爆发西迁至重庆，1938 年改称经济部地质调查所，翁文灏出任经济部部长，地质调查所工作分别由黄汲清、尹赞勋、李春昱主持①。

1953 年 1 月 8 日，启用土壤研究所筹备处印章，1 月 23 日中国科学院人字第 0441 号文通知，土壤研究所筹备处工作结束，研究所正式成立。5 月 15 日中国科学院秘字第 2782 号文，传达政务院 5 月 11 日[53]政文齐字第 12 号文，同意中国科学院增设包括土壤研究所在内的 24 个研究机构，土壤研究所东北分所筹备处（中国科学院沈阳应用生态研究所前身）亦同时成立。6 月 11 日[53]院人字第 3004 号文任命马溶之为土壤研究所所长。

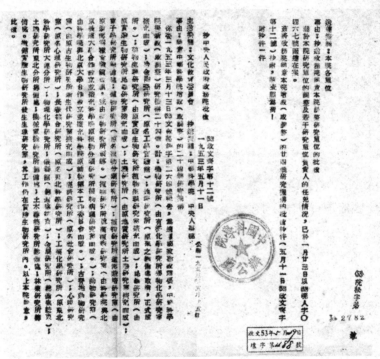

1953 年中国科学院关于成立南京土壤研究所的通知及批文
[南京土壤研究所办公室（党委办公室）供图]

新建的南京土壤研究所以原中央地质调查所土壤研究室为基础，合并了福建、江西地质调查所的土壤研究室。南京土壤研究所仿照苏联科学院道库恰耶夫土壤研究所的模式建制，下设土壤物理与物理化学研究组（一

---

① 李学通. 2002. 民国最有科学成就的中央地质调查所. 炎黄春秋，（6）：58-61.

组)、土壤化学与农业化学研究组(二组)、土壤微生物与生物化学研究组(三组)、土壤地理与改良组(四组)共4个组。其中,前三组在南京市珠江路700号原址工作,第四组借用南京鸡鸣寺院内小红楼办公①。

20世纪40年代,位于南京市珠江路700号的中央地质调查所土壤研究室
[南京土壤研究所办公室(党委办公室)供图]

马溶之认为,南京土壤研究所的研究人员不应该仅仅是土壤专业毕业的人,还应该有农学、生物、化学等专业方向的,各个专业的人才组合在一起,研究所科研队伍的专业结构才比较合理。因此,他力排众议,从全国各所大学的农学系、化学系和生物系招人。农学专业的毕业生主要来自华中农学院、山东农学院和南京农学院,赵其国就是在这样的背景下与其他许多农学专业的人一起被分配到南京土壤研究所工作的。华中农学院的土壤学专家陈华癸与南京土壤研究所的李庆逵交往颇多,他对赵其国也比较了解,或许进行了推荐,不过,从来也没有人提过这件事。

1953年一起进南京土壤研究所的共有20多人,其中来自华中农学院的有8人,加上前两年新来的年轻人一共有50多人。进入南京土壤研究所后,赵其国了解到,尽管该所的主要任务是研究土壤,但其基础仍然是农学知识,土壤研究的根本目的是为农业生产服务,从这个角度来看,自

---

① 中国科学院南京土壤研究所. 2003. 中国科学院南京土壤研究所发展历程: 10.

己之前学习的农学知识实际上成了一种优势。不管怎么说，到南京土壤研究所工作对赵其国来说是一个全新的起点，也是一个很重要的学以致用的契机。

当时大学毕业生很少，可以说是凤毛麟角，在全国范围来说，属于严重稀缺、炙手可热的人才。大学生毕业后，都是由国家统一分配工作。

赵其国一行多人被分配到南京土壤研究所工作，但当时他们并不了解南京土壤研究所是什么样的单位，土壤研究具体是研究什么，还以为将来要搞土壤或者肥料研究。其中几个人是土壤专业的，对去南京土壤研究所工作没有什么顾虑，农学专业的人对去南京土壤研究所工作有顾虑，但根本来不及多想。头一天晚上 8 点分配去向一公布，他们马上就要做准备，收拾行李，第二天早上 8 点多就坐船出发。赵其国和几个同学一起，包括女友刘畹兰在内，扛着行李到江边坐船，从武汉汉口码头直接到南京下关码头。南京土壤研究所安排人到码头接他们，大家坐着马车，从下关一直晃晃悠悠到达鸡鸣寺。

那时南京土壤研究所用房很紧张，一、二、三组在珠江路 700 号原址工作，其他人在鸡鸣寺这边的新址，其中有一幢楼，是南京市科学技术委员会的，南京土壤研究所占了一部分，赵其国和其他新来的同事就住在四楼。这幢楼后面是中国科学院南京地质古生物研究所的用房，那时该所规模尚未扩大。此外还有一幢小红楼，是南京土壤研究所的办公楼，主要人员都在那里办公。当时所长是马溶之，李庆逵刚从美国回来没几年，40 多岁，还没有明确副所长，只担任研究员。另外，还有于天仁、宋达泉、熊毅等主要研究人员。

根据不同的工作需求，马溶之把所里的人员编成 4 个组：土壤物理与物理化学研究组（一组），熊毅任组长；土壤化学与农业化学研究组（二组），李庆逵任组长；土壤微生物与生物化学研究组（三组），马溶之兼任组长；土壤地理与改良组（四组），宋达泉任组长①。50 多个年轻人，被分配到 4 个组里，有的人专门做实验室工作，搞化验和分析，包括化学分析、物理分析、生物化学分析；有的人专门做肥料研究。

① 中国科学院南京土壤研究所. 2003. 中国科学院南京土壤研究所发展历程: 10.

因为赵其国喜欢体育运动，身体看上去很强壮，所以所里就安排他到土壤地理与改良组搞野外调查，主要任务包括土壤调查、区域治理和区域建设等。野外调查分南北两支队伍，李庆逵负责南部地区，马溶之负责北部地区，熊毅来了以后负责中部地区，宋达泉负责西部地区和东北部地区。赵其国被分在华南工作队，绝大部分时间都是跟着李庆逵一起工作。

刘畹兰的主要专业方向是农业化学，便留在研究所实验室里搞温室栽培，上下班时间比较固定，可以照顾家里。赵其国能长期在野外工作，与刘畹兰的操劳是分不开的，他经常一出去就是几个月，前前后后跑了几十年，家里的老人和孩子都是刘畹兰照顾，为家里做出了巨大贡献。

二、所长马溶之

马溶之（1908—1976）是中国土壤地理学的奠基者之一，1908 年 11 月出生于河北省定县（今河北定州市）。1933 年毕业于燕京大学地质地理系。1934—1952 年在中央地质调查所土壤研究室任技正、室主任等。当时中央地质调查所土壤研究室的仪器设备简陋、研究经费短缺，在这样的情况下，马溶之等一批科技工作者依然开展了艰苦的土壤调查制图工作，先后在新疆、甘肃、陕西、江西、浙江、四川、西康（现四川、西藏接壤地区）等地进行考察，写出了国内最早记载这些地区土壤地理的论著。他为土壤地理学科做了大量的开创性工作：率先提出了在国内外文献中还没有记载的一系列新的土壤类型；参与拟订了中国最早的土壤分类系统；对全国分布广泛的水稻土、紫色土等做了研究，提出了独到的见解。

1935 年，中央地质调查所从北平迁到南京；抗战全面爆发后，又从南京迁至重庆北碚。工作人员及家属就住在北碚一个叫鱼塘湾的小村庄，这个小村庄三面环坡，中间是梯田，山坡脚下的两排平房住着十几户人家。马溶之当时 30 岁出头，风华正茂，常年在我国西北、西南地区考察。

抗战期间，很多地方治安情况不好，有时野外考察甚至会有生命危险。

1933 年，中央地质调查所所长翁文灏（第一排中）、马溶之（第二排右三）、
李庆逵（第二排右二）等人与美国土壤学家梭颇（James Thorp，第一排左二）
在位于北京兵马司 9 号的中央地质调查所大楼前合影

　　当时我国的西北、西南地区交通十分不便，工作条件十分艰苦，甚至连人的生命都没有保障。1940 年发生过科考队员遇难事件，在贵州省一个叫"六盘"的地方，科考队采集了大量的标本，装了几大木箱，沉甸甸地抬在路上行走，被强盗看见，以为抬的是金银财宝，起了歹心，科考队被抢劫了，父亲的同事许从和一位女大学毕业生遇害身亡，引起学术界很大的震惊。[①]

　　无论条件多么艰苦，也没有阻挡马溶之等人的科考热情，他们风餐露

① 马绍川.2007. 爸爸永远在我心中——纪念父亲诞辰一百周年//中国科学院南京土壤研究所. 马溶之与中国土壤科学：纪念马溶之诞辰一百周年. 南京：江苏科学技术出版社：156.

宿，常年工作在野外。

1934年9月，马溶之在内蒙古进行土壤考察

马溶之早期在土壤分类方面做了大量的开拓性工作，发现了很多在世界上尚未被命名的土壤类型，漠钙土就是他最先提出的土类之一。他根据生物气候条件和土壤性状的变异，进一步分出了棕漠钙土和灰漠钙土；又以母质特性、盐渍状况等对其做了进一步区分；继而，他又将发育在半干旱森林草原条件下，具有凋落物层、暗色腐殖质层、紧实棕色层和钙积层的土壤作为独立的土类划分出来。另一个由他最先创用的土壤名称是棕钙土，其土壤性质介于淡栗钙土和漠钙土之间，它的形成条件、土壤性质和农业利用情况明显不同于栗钙土，反映了草原向荒漠过渡的地带特点。

早在20世纪30年代，马溶之就和朱莲青、宋达泉、侯光炯等对水稻土和紫色土做了研究。例如，划分出水稻土形成中的淡色层，指出水稻土在分类上的特殊性，把水稻土划分为淹育型、潴育型和潜育型三个亚类，把紫色土分为酸性、中性和石灰性三个亚类。

　　1935 年于英国牛津举行的第 3 届国际土壤学大会上，侯光炯与马溶之的论文《江西南昌地区红壤性水稻土肥力的初步研究》被选为大会宣读的论文，在世界上首次提出水稻土这一特殊的土壤名称。作为"中国水稻土研究成果"组成部分的几十个整段标本也在牛津大学内陈列展出，受到欢迎。[①]

　　中华人民共和国成立后，马溶之提出了许多新的发生土类名称。例如，明确了各土类的自然发育规律和发生学含义，从而使我国土壤分类彻底走上了发生分类的道路。1959 年，马溶之提出了有关我国土壤分类的分级单元及其划分原则和根据的建议。该建议方案共分七级，即土纲、亚纲、土类、亚类、土组（土属）、土种、变种，规定了各级划分的原则和根据。在耕种土壤分类的研究上，他认为也要贯彻发生学的观点，要研究耕种土壤形成条件、形成过程和土壤特性的特殊规律。

　　1953 年，南京土壤研究所成立，马溶之担任所长。他感觉肩膀上的担子更重了，也更忙了，不仅要负责全所的工作，还要亲自带队，历经艰辛，几度深入高原、边远地区，做了大量的调查研究。1957 年，奠定我国土壤地理分布模式和理论基础的《中国土壤的地理分布规律》一文问世，这是马溶之基于我国丰富的土壤资源和大量的调查研究资料对我国与欧亚大陆土壤分布特点的深刻总结。该论文提交给第 6 届国际土壤学大会，论文中提出了水平分布和垂直分布的概念、我国土壤地理分布的模式和特点，标志着我国土壤地理研究的新水平，受到国内外学者的高度重视。尤其是，马溶之首次图示的关于欧亚大陆土被分布地带结构的模式，深刻地揭示了土壤分布的地理规律性。

　　马溶之对山地土壤的分布特点做了大量研究，对中国土被不同水平地带中的垂直分布规律和垂直结构进行了分类。他在 1965 年发表的《中国山地土壤的地理分布规律》一文中，进一步根据山地的地理位置、形态、走向及高低等因素，将全国山地土被按垂直带谱成分划分为 36 种，用以反映我国山区土被的差异，同时按垂直带谱排列的形式做了生动而具首创性的土被结构分类。

---

　　① 陆彦椿，谢建昌，臧双. 2007. 马溶之与中国土壤学会//中国科学院南京土壤研究所. 马溶之与中国土壤科学：纪念马溶之诞辰一百周年. 南京：江苏科学技术出版社：154.

为了能够在中、小比例尺土壤图上客观地反映全国复杂多样的土壤资源，马溶之于 20 世纪 40 年代编制《黄河流域土壤图》和《全国土壤区划图》时，首先提出了土壤生物气候区、土壤亚区、土壤复域和土链的区划系统，开创了我国的土壤区划工作。1958 年发表的《以农业发展为目的的土壤区划的原则》和 1959 年出版的《中国土壤区划》（初稿）是马溶之在土壤区划研究方面的重要论著，对当时制定全国综合自然区划、全国综合农业区划及农业发展规划都起到了重要作用。

马溶之对中国土壤制图研究的发展做出了卓著的贡献，是中国土壤制图的重要奠基人之一。早在 1941 年，他与朱莲青合编了《1/1000 万中国土壤概图》。1949 年重编了《中国土壤概图（1/800 万）》，该图是中国第一幅比较完整的土壤图。1955 年，在与苏联专家格拉西莫夫院士合编的《1/400 万中华人民共和国土壤图》中，马溶之第一次在全国土壤图上将山地土壤与平地土壤分为两大系列，比较清楚地反映出全国各发生土类的地带性及隐域性土壤的分布状况。1962 年，马溶之与何金海合编的《1/400万中国土壤图》（草图），以及在此基础上经过修改、提炼并于 1965 年正式编制成国家自然地图集的《1/1000 万中国土壤图》，是马溶之研究耕种土壤制图的重要成果。

同时，马溶之还开拓了古土壤学的研究，并以此来分析第四纪地层的成因类型、古地理环境，以及第四纪研究中的突出问题之一——黄土问题。他在《中国黄土之生成》一文中提出了中国南北黄土同源的设想，并将晚更新世黄土概分为华北的马兰黄土、华中的下蜀黏土和成都黏土，以及两者过渡区的结核性黄土。这种过渡黄土在山东中部、湖北西北部、河南西南部、汉中盆地及陇南山地等处均有分布。其气候条件与性态介于马兰黄土与下蜀黏土、成都黏土之间，常有红棕色层与富含砂姜的白色钙积层，其上发育有不同于其他黄土区域的褐土和棕壤。马溶之的上述论点，不但丰富了黄土研究的内容，而且对研究暖温带湿润、半湿润地区的土壤具有指导意义。

马溶之在黄土高原等水土流失严重的区域进行土壤调查时，目睹了我国水土流失的严重性，因此他极为重视开展水土保持的研究。他指出，"高原台地，大多旱灾常临，侵蚀之害，于此尤见深刻，故水土保持工作，亟应及早进行，其功效不但可保土增产，亦为治理黄河之基本方法也"①。马溶之积极推动水土保持的研究，在南京土壤研究所内专门设立了土壤侵蚀研究组。1950年，他亲自参加了西北军政委员会农林部组织的陕北地区土壤调查工作。1955年，他担任中国科学院黄河中游水土保持综合考察队队长，在黄河中游开展了以水土保持为中心的农、林、牧、水、地质、地貌、土壤、植被、地球物理及社会经济等方面的综合考察，取得了大量科学资料，完成了一系列水土保持和土地合理利用的区划，为制定根治黄河水害，开发黄河水利的综合规划，发展黄河中游地区农、林、牧生产，起了积极的推动作用。

马溶之十分平易近人，赵其国刚到南京土壤研究所工作时，与一起分配来的年轻人称他和熊毅、李庆逵、宋达泉等人为"老先生"。其实这几人年龄也不大，一来这几人在学术上有较深的造诣，大家都很佩服；二来这几人带队去野外考察，跟大家打成一片，大家都很敬重他们。

丁昌璞在回忆文章中写道：

> 1954年我毕业统配来所，因受老师陈华癸院士的影响而心存从事土壤微生物研究的愿望，在马先生与新来人员的见面会上，我从谈吐举止中感觉到他的和蔼可亲、平易近人，他是一位可敬的领导和师长，会后我便向他提出这个要求。不久，时任新民主主义青年团支部书记的鲁如坤同志约见了我，并告之生化与微生物组本年度暂不进人，我被分配到土壤化学与农业化学组于天仁先生的手下研究课题，同时传达了马所长和所业务秘书于天仁先生因去北京院部开会，没时间和我谈话，希望我服从需要，安心工作。以后一次大会上，马所长再次提及此事。当时想，我初来乍到，马所长百忙中却对年轻人如此细微关心，使我自勉有加，也后悔给马所长添了麻烦。②

当时国家百废待兴，财政困难，新成立的南京土壤研究所人员和经费都十分紧张，在行政管理方面协助所长管理业务的只有一个兼职秘书于天仁，马溶之除了自己身兼数职外，还大力培养年轻人，使南京土壤研究所很快在各个方面都迅速发展起来。

---

① 马溶之. 1946. 甘肃省之土壤概要. 土壤季刊，（2）：75-78.

② 丁昌璞. 2007. 深切缅怀 典范长存//中国科学院南京土壤研究所. 马溶之与中国土壤科学：纪念马溶之诞辰一百周年. 南京：江苏科学技术出版社：151.

三、严师李庆逵

李庆逵(1912—2001),中国土壤学家和农业化学家,中国科学院院士。1912 年 2 月生于浙江宁波,1932 年从复旦大学化学系毕业,1944—1948 年留学美国,获伊利诺伊大学理学博士学位。历任中央地质调查所技正,南京土壤研究所研究员、副所长、名誉所长等。他长期从事植物营养与施肥、红壤基本性质、发生分类及合理开发利用的研究,是中国土壤-植物营养化学的奠基人,也是中国土壤分析化学的创始人之一。20 世纪 50年代,李庆逵主要负责华南地区的综合考察,而赵其国就分在华南工作队。

50 年代初期,我从国外回来不久,就参加苏北滨海盐土和华南热带土壤橡胶宜林地的调查。当时中国科学院和华南热带作物研究院的领导人,竺可桢、李嘉人等先生都希望我能长期在华南蹲点,认为长期性定位试验富有指导意义,能及时推广到生产中去。[①]

1953 年 2 月,在华南考察橡胶宜林地时李庆逵(左一)与竺可桢(右三)等人合影

赵其国也不是一开始就喜欢做土壤研究的,他原来喜欢研究棉花,因为在大学实习的时候,一位刘姓老师带着他们搞棉花栽培,他觉得很有意思。还有一位遗传学方向的老师带着学生做小麦、水稻等农作物的育种工

---

① 李庆逵. 后记//中国科学院南京土壤研究所. 1992. 李庆逵与我国土壤科学的发展——庆贺李庆逵教授从事土壤科学工作六十周年论文集. 南京:江苏科学技术出版社:263.

作，赵其国也学得十分认真。赵其国喜欢栽培学方面的工作，但到南京土壤研究所后，这些农学方面的工作都做不成了。既然被分配到南京土壤研究所，他也就下定决心，一定要把工作做好。工作一段时间以后，赵其国发现自己不但有这方面的工作能力，而且逐渐适应了野外的调查工作，于是慢慢主动参加各项工作了。兴趣与业务结合起来以后，最终确定了研究方向。

赵其国到南京土壤研究所不久，组织便决定派他跟随华南工作队到华南一带进行土壤调查工作。这是他第一次进行土壤调查，很多东西是以前在学习中没有接触过的，因此必须一边工作，一边脚踏实地从头开始学起。通过在工作中学习，赵其国初步了解了一些关于绘制土壤图的知识和方法，如制图的目的、类别、比例尺的确定等，初步掌握了罗盘仪的使用方法，能初步运用罗盘仪把握方向与点位高度。

在绘制土壤图的过程中，赵其国从概测（即一般了解土壤情况）入手，继而深入重点绘制某处土壤图，并注意在详测土壤图时对土壤界线的划分、坡度的观察、排水的情况、利用的问题等有系统全面的了解，但具体的绘制土壤图的工作仍然做得很少，有待在未来的工作中进一步深入体会。关于野外操作方面的收获主要是学习到一些有关野外调查的基本方法，为未来做好野外调查工作打好了基础。例如，如何做好调查准备工作，如何注意野外调查的观察与研究，如何全面地观察记载土壤剖面，对如何在野外采取植物、土壤标本，决定开挖土壤剖面的大小、方位、深浅等细微方法都有初步的了解，并在工作中逐渐具体实行，这给未来开展相关工作带来不少益处。

最开始与李庆逵接触时，赵其国感觉到他对新来的毕业生有些看法，认为学农艺专业的人基础知识太差，特别是化学、土壤知识贫乏。李庆逵对这批新员工的要求可能较高，也可能是因为华南地区的工作任务紧迫，缺乏能够立即上手的合适人员，因为他讲过："现在分配来的青年人比以往来所的基础差多了，以后院里招干部应该考试才好。"①谈及学习，李庆逵常对新员工的基础水平表示不满，认为他们在工作中表现不佳。在第一次野外工作中，新员工忘记携带野外记录本和铜尺，李庆逵在车上严厉地批评了他们，指出连基本的记录工具都不带，不知道如何记录，质疑他们外出工作的目的。

---

① 赵其国人事档案中的"怎样团结科学家"，现藏于南京土壤研究所人事处。

为了让这些拥有农学、森林学或其他专业背景的新员工尽快了解土壤学方面的知识，掌握土壤调查和肥料试验的技术，李庆逵费了不少心思，认为紧密联系具体工作进行土壤学理论的系统讲解是最有效的一种方法。在布置肥料试验时，他主动召集年轻人，详细讲解施肥的基本原理、方法和理论依据；计算肥料用量时，又详细讲解关于土壤化学方面的知识。另外，凡是涉及工作业务上的知识，只要有人向他请教，他总是毫无保留地讲解。第一次布置肥料试验时，赵其国和其他年轻人一点儿都不会，但通过李庆逵的讲解和示范，他们很快就掌握了相关技术，顺利地完成了工作。

赵其国与其他新到所的非土壤专业的毕业生，大都没有系统学习过土壤专业知识，为了更好地开展工作，李庆逵就组织他们白天工作，晚上学习，这对年轻人的进步帮助很大。李庆逵是学农业化学的，白天马不停蹄地去考察，晚上还要给年轻人上课。由于他讲的是宁波方言，起初大多数人都难以听懂，只能逐渐适应，后来赵其国甚至能够担任他的翻译。讲课时，李庆逵一般用一块小黑板，大家听不懂的地方他可以写出来，没有黑板时就在一块有油漆的黑布上写，把那些化学分子式教给大家。他几乎每天晚上都要上课，讲肥料、化学方面的知识，赵其国很喜欢听，记了大量的笔记，每次考察一圈回来都会有一两本的笔记。有些内容李庆逵不指定参考书目，赵其国就回来自己在图书馆找书慢慢补充。

李庆逵由于专业背景不涉及野外工作，因此无法教授野外考察的具体内容。他通常不参与野外绘图、分析或采集标本的工作，也无法判断地形地貌，对于第三纪、第四纪与冰川的特征，他会邀请专业人士来指导。在华南的调查中，他邀请了专攻冰川地质地貌的南京大学专家任美锷一同参与调查。从昆明到西双版纳的考察路线，海拔从 1800 多米降至 70 多米，整个路程中，任美锷凭借之前的调查经验，带领团队边走边讲解，车行一段即停，他会询问队员在刚才经过的地区观察到了哪些地质现象。后来，赵其国养成了一个习惯，凡是外出坐车考察都十分关注沿途各地的地形地貌，这是深受任美锷影响的结果。李庆逵还请黄瑞采教他们与生态相关的植物地理知识。几位老师取长补短，相互交流，并带领学生一起学习，所以晚上经常有课程安排，每一次考察回来，大家都有很大的收获。

从赵其国野外调查笔记中所记录的听课情况可见一斑。赵其国野外考察笔记第二、三册中有如下记录，反映的是他在 1953 年 10 月到广东省雷州半岛海康垦殖所开展工作期间所补习的有关土壤、肥料方面的基础知识，兹摘录如下：

> 10 月 12 日上午 9 时，李庆逵讲有关橡胶树肥料问题；10 月 12 日，摘抄黄瑞采土肥讲义；10 月 12 日晚上，李庆逵讲土壤酸度；10 月 13 日晚上，李庆逵讲土壤中黄红斑纹问题；10 月 15 日下午，李庆逵讲 pH 与肥料关系；10 月 15 日晚上，鲁如坤讲中国土壤的化学成分；10 月 18 日，在那大所等汽车，李庆逵讲土壤风化问题；10 月 21 日，在天任所讨论工作后，李庆逵讲肥料试验；10 月 23 日，李庆逵讲有关肥料问题；10 月 25 日，鲁如坤第二次讲关于土壤胶体的问题；10 月 26 日晚，在天任所，李庆逵讲盐基代换问题；10 月 30 日，在天任所，李庆逵讲有关肥料试验问题；10 月 30 日，鲁如坤第三次讲土壤酸度。

当时的讲课频率相当高，仅 10 月一个月时间就讲了 13 次课，只要是晚上或者因下雨无法外出考察，或者是工作总结余下的时间，李庆逵都要亲自讲课或安排其他人讲课，这对赵其国等非土壤学专业的人来说，犹如及时雨，是相当重要的。

赵其国似乎天生有一种不服输的劲儿，任务越重越能激发出他的工作热情，另外可能也是想改变当时南京土壤研究所的一些"老先生"对新进研究所的其他专业背景的人的看法。李庆逵急切地希望新来所的大学生能够快速成长，又恰好遇到了像赵其国这样好学不倦的学生。赵其国记录下了自己当时的心情：

> 刚进所时，存在对工作与学习的急躁情绪，认为自己所学的专业不同，什么都感贫乏，因而对学习要求很迫切，拼命地争取学习时间。[①]

赵其国认识到，要做好土壤科研工作，对他这样的非土壤学科班出身的人来说，注意通过工作来学习是很重要的，只有通过工作来学习才提高得快，也才能满足工作对自己的要求。因此，他在工作中注意从最基本之处学起，不拒绝并争取做很具体和烦琐的工作，如打土钻、采标本、写标签。同时，在工作中多提问，因为李庆逵很高兴大家能问他问题，他经常

---

① 赵其国人事档案中的入党思想汇报，现藏于南京土壤研究所人事处。

讲："你们多提出不懂的问题来，我讲后，不懂再问，切忌装懂。"[1]赵其国不怕提问题，哪怕是最基本的问题，只要没有听懂或者没有深入理解时就及时请他再讲解。

赵其国和其他新到研究所的员工在工作中不断加强学习，各方面的能力和技能提高得都比较快，可以很好地完成一定的工作。李庆逵看到新来所的年轻人认真学习、工作负责，逐渐转变了对这些年轻人的看法。在工作中，李庆逵经常会提出一些较深入的问题组织大家讨论，并指导大家思考，一方面在工作中更加放心地让大家去承担更多的具体任务，另一方面也开始关心他们在工作中的收获。在广东省雷州半岛的试验工作，李庆逵放手让赵其国和其他人去做，他说："你们学习得很快，青年人只要肯学就能有很大进步，这也就是青年比老年人强的地方，以前我认为学农的同志学得慢的看法是错的。"[2]

1953 年 12 月在海南岛农场工作时，李庆逵本来考虑在该农场布置一些肥料试验，后来因为时间较短且地点未定，就考虑暂不布置试验。赵其国和其他人仔细分析后，认为应争取布置肥料试验，不然拖后一年会影响

20 世纪 50 年代，李庆逵（右）与苏联专家格拉西莫夫院士（左）在海南岛合影

任务的完成。然而，5 天时间要布置几十个小区试验，而且肥料与工人都未准备好，难度是非常大的。但后来大家针对困难具体地安排了一下时间，制订了一个初步计划。最后将此计划与李庆逵商量，他同意了大家的做法，并立即对计划进行了完善。就这样，经过大家共同谋划、共同努力，按期完成了肥料试验的布置任务。

通过几次工作，李庆逵打消了对新入所年轻人的一些顾虑，也更热心地加以指导，并在工作中逐渐增加了对大家的信任，大胆地将一些具体任务分配下去。在广东省雷州半岛的考察中，原定 20 天结束工作，但后来发现有些工作还待进行，于是大家先交换了意见，订出一个新的计划，并向李庆逵汇报。李庆逵同意后就将工作分配给年轻人去做，一部分人负责农村与土壤调查，一部分人负责了解田间与植物情况、布置试验。当时接受任务后，面临的困难很多，大家都是第一次单独作战，不仅语言不通、时间紧迫，而且布置试验的物资、人力准备也不足。但是，大家都没有气馁，努力克服工作中各种难以想象的困难，顺利地按期完成了各项任务。

第四章 为了不被"卡脖子"

中华人民共和国成立后，国家经济建设处于恢复期，百业待兴，民用工业、国防工业急需大量天然橡胶。西方国家妄图将新中国扼杀在摇篮中，对我国实行全面禁运政策。天然橡胶作为重要的战略物资，是禁运的重点对象。1950 年 10 月，抗美援朝战争爆发，我国的天然橡胶供应更趋紧张。正是在这一背景下，中共中央发出"一定要建立我们自己的橡胶生产基地"的号召。中央人民政府政务院《关于扩大培植橡胶树的决定》指出，为保证国防及工业建设的需要，必须争取橡胶自给。赵其国到南京土壤研究所工作后承担的第一个任务就是进行华南橡胶宜林地考察。在李庆逵的带领下，赵其国等人白天工作，晚上上课，很快从土壤学的"门外汉"成长为从事野外调查和肥料试验的骨干，经过 10 年的努力，顺利完成了各项任务。

一、一声令下赶赴华南

橡胶宜林地资源勘察是一项庞大的系统工程，涉及气象、森林、土壤等多个学科，专业性、技术性都很强，为了早日打破技术封锁，党中央号召"橡胶专家和技术专家前来参加，到北纬22度站队"①，中国一定要种出自己的橡胶树。

要种树，首先要找到能种植的土地。橡胶树一般只能种植在热带地区，因此中国只有在海南岛、云南西双版纳能种植，另外在广东省雷州半岛一些有条件的地方也能零星种植。过去，我国很少种植橡胶树，海南岛有几棵"母树"，长得比较好，全国加起来也只有十几棵，这些是东南亚地区的华侨带回来种植的。在海南岛还没有完全解放的时候，据说何香凝女士就从经济建设的角度建议将来要在广东发展橡胶树种植，引起高层注意。1949年底，毛泽东访问苏联，斯大林向中方提出在中国扩大橡胶树种植的建议，并于1951年初向中方派出由苏联农业部部长领衔的专家组，专程到海南岛和广东省雷州半岛实地考察橡胶园。

1951年8月31日，中央人民政府政务院第100次政务会议通过《关于扩大培植橡胶树的决定》。9月，陈云和叶剑英在广州主持召开了华南垦殖局筹建工作会议。会议根据中共中央关于发展我国橡胶事业的决策，提出了尽快在华南建立橡胶生产基地的具体意见，并研究决定了组织机构、发展规划和科研工作等事项。11月，华南垦殖局在广州沙面成立（属林业部领导），叶剑英兼任局长、党委书记。下设海南、高雷、广西3个垦殖分局。1952年2月，华南垦殖局机关从广州搬迁到湛江。3月，中央人民政府政务院和中共中央军事委员会决定抽调中国人民解放军2万人，组建成林业工程第一师、第二师和一个独立团，到海南、高雷、广西地区参加橡胶垦殖工作。②

我国的橡胶事业自1951年开始，当时的主要任务就是大量种植橡胶树。任务很紧，也很重，要在1952年5月以前做好全部测量工作，8月开始播种，因为种子在1952年即开始成熟，所以当时所有事情都很仓促，甚至大家对橡胶树的了解都很不够，而且材料缺乏，只能根据东南亚地区的植胶经验在海南当地植胶，但是实际情况很不理想。

橡胶树种植是一项专业性很强的工作，华南垦殖局成立之初，极缺技

---

① 许人俊. 2006. 新中国天然橡胶种植业在困境中起步. 党史博览，（8）：30-34.
② 广东省地方史志编纂委员会. 1993. 广东省志·农垦志. 广州：广东人民出版社.

术干部，而且工作任务重、技术水平差，工作也不稳定。有一部分与业务不符的军队干部转业，坚持留在岗位上工作的仅有 500 人左右。

> 1952 年开始，全局仅有 400 人，1952 年秋天，参加勘察的 10 个大学的学生，主要是森林系等专业的又分配来 380 多位，大多是森林系毕业，这批人业务上很差。1952—1953 年，中央又补充了一些森林系的，先后补充有 70 人，其次又在华南训练了一些人。现在技术人员有 700 人。[①]

其中绝大部分人对橡胶树的特性与生长环境了解不够深入，一方面是因为时间紧迫，未进行系统的长期工作；另一方面是因为参加工作的行政干部，大部分是从党政军系统调来的，本身缺乏相关的专业知识。

一开始由于时间紧、任务重，很多问题都未解决就着急种植。虽然大家工作热情高涨，但各方面配合不够，导致橡胶树栽培出现重大失误，给国家造成了巨大损失。技术问题是根本问题，解决橡胶树种植技术问题，就能够有效减少损失。一方面，扩大橡胶树种植面积需要很长的时间；另一方面，从配合国家建设的需求来讲，任务重，时间紧。因此，在中央统一调度下，各方面的力量逐步加强，更多的专业技术人员纷纷赶到华南。

正是在这样的背景下，初出茅庐的赵其国也跟着李庆逵来到华南，考察哪些地方可以种植橡胶树，没想到一干就是 10 年。当时赵其国刚刚与刘畹兰结婚，正值新婚燕尔，得知要去华南考察，他没有丝毫犹豫，背起行李就出发了。刘畹兰对他的工作十分支持，是一位真正的贤妻良母。赵其国的女儿赵智曾在《我的父亲》（未发表）一文中写道：

> 我们的父母是大学的同窗，在武汉大学的校园里相识相恋，情趣相投，门当户对，又在毕业后进入同一个单位工作，他们的恋爱和婚姻有着十分单纯和稳定的基础，婚后遵从男主外女主内的传统家庭分工秩序，一直保持相敬如宾。我们的父亲在外面社交机会比较多，见过的世面也很广，母亲白天在单位工作，晚上回来照顾孩子，很少出

[①] 摘自赵其国野外考察笔记第四册，现藏于中国科学家博物馆。

门，但她从来也没有怨言，在我们的记忆里从未听过他们争吵，更多的是看到他俩和谐地分工合作。

1954 年 8 月 28 日，赵其国在云南考察期间，刘畹兰前往探望

1953—1956 年，赵其国主要在广东省雷州半岛、海南岛、广西、粤西等地进行土壤调查，参加与负责我国热带作物开发利用方案的编写，对我国热带土壤资源及热带作物的开发利用，提出了具体方案与规划意见。1957—1959 年，赵其国参加云南热带作物资源调查及云南省全省土壤普查工作，对滇南、黔南等地的热带作物宜林地土壤进行调查，并对滇中胶泥田的形成、改良，云南低产水稻土的类型及改良，云南南部土壤区划进行研究，为云南省全省土壤资源评价及合理利用提供了可靠依据。1960—1963 年，赵其国在参加滇南及滇西中苏考察的基础上，参加了云南西双版纳热带土壤定位研究，在西双版纳大勐龙群落站对热带土壤发生性质进行了深入定位观察，同时对滇中不同母质对红壤发育的影响及南方六省土壤区划进行了研究，为今后深入进行红壤发生分类及土壤区划打下了良好的基础。

可以说，在华南考察的 10 年，赵其国不但为寻找橡胶宜林地做出了重要贡献，还在相关地域的土壤规划利用、中低产田改良及红壤研究方面取得了重要成就。在李庆逵的悉心指导下，赵其国从一名农学专业学生迅速成长为能独当一面的土壤调查专家，为未来的工作和事业发展打下了坚实的基础。

二、去雷州半岛考察

雷州半岛位于中国大陆最南端，东临南海，西靠北部湾，南与海南省隔海相望，有东海岛、南三岛和硇洲岛等岛屿，东海岛有海堤与大陆相连。雷州半岛三面环海，海岸线长约 1180 公里，连海岛海岸线总长达 1450 公里。雷州半岛的徐闻县、海康县（今雷州市）等地与海南岛隔海相望，气候等自然条件相似，因而也成为橡胶宜林地的考察对象。

华南工作队包括南京土壤研究所、华南垦殖局、林业部 3 家单位的14 人（其中南京土壤研究所有 7 人），到广东省湛江市后又分成 3 个工作小队。赵其国所在的这一工作小队由何全海带队，队员包括南京土壤研究所的赵其国、石华、邹国础 3 人，林业部的孙士英、李一鲲 2 人，华南垦殖局的廖先苓、谭田志 2 人，共计 8 人。这个工作小队从 1953 年9 月中旬至 9 月底在海康垦殖所工作，至 10 月初与其他两个工作小队会合。

1953 年 9 月 8 日，赵其国所在的工作小队到达广东湛江垦殖所，上午听樊庆笙讲土壤微生物，下午听华南垦殖局垦殖处罗处长介绍情况。9 月 14日，工作小队从湛江到达海康垦殖所后，在海康垦殖所听取情况介绍，了解到海康县土壤有徐闻系与北海系两种。森林为甲等，灌木蒿草为乙等，沙地为丙等。海康县胶苗地耕植主要面临以下问题：一是风害问题严重，本区无森林，防风差，土地亦为平台地，因此在骤来台风或在冬季遭遇东北风时，橡胶树受害甚大；二是霜害问题，每年 11 月至次年 1 月，霜冻会导致胶苗顶芽枯萎，叶脱落严重，停止生长；三是土壤雨水冲刷问题。要解决这些问题，必须选出最好的橡胶宜林地，这是每位考察队员都需要深入考虑的问题。

1953 年 9 月 15 日，在海康垦殖所，赵其国及其同事一早便去观察拖拉机站对胶苗地进行的中耕作业，他们根据耕耙的具体情况进行了详细记录。晚上，何全海给大家讲土壤调查问题，包括准备工作，以及必要的图表、资料、仪器等工具。他特别指出，在野外观察和研究时，应关注土壤的生成和发育问题，尤其应重视从生物因素的角度研究土壤。9月16日上午，赵其国随工作小队一起出外工作，第一阶段出外测量地形。

> 结合使用罗盘仪器，开始用步测距离，并填写土壤图，学习熟悉罗盘的用法，测方向、定点位、测坡度，练习步测，知道自己一步是81厘米，并学习绘制土壤图的初步绘法，如何把地上的距离移在图上，并适当估计长度与比例尺的换算；确定挖土壤剖面的地点、深度、高低、宽度与观察剖面的方向，在进入观察土壤剖面时应注意什么内容，如何善于分析土壤剖面的形成与发展规律。[①]

9月16日下午，在海康垦殖所西北边测绘了该所附近地块的土壤图，并观察了3个土穴，以了解河边土壤的生成情况。

1953年9月15日到9月30日，工作小队在雷州半岛的中部海康垦殖所工作了半个月。这个阶段的主要工作内容是了解海康垦殖所的土壤与热带植物的一般情况，为下一阶段工作打好基础，并在此总任务下开展一些野外调查，以及学习绘制土壤图。因此，到海康垦殖所以后，工作小队首先进行实地的普通调查与了解，以海康垦殖所为中心，先后至南部亭仔第一、二、三、四分场（蕃昌一带），东南至娴西第二分场、将军市第一分场（将军市、草蓄村一带）和英央第一、三分场（英央一带），东北至牌楼第三分场（牌楼）和大骨第二分场（后坑、大骨一带），西北至后坑第三分场、坤山第一、四分场（后坑、坤山一带）。工作小队在以上各地都进行了土壤与热带植物的一般调查，并采集有关土壤的标本及覆盖植物等标本。9月29日至10月2日，工作小队在海康垦殖所总结前一阶段调查的情况，并绘制部分地区的土壤图，总结本阶段工作的收获。

---

① 摘自赵其国野外考察笔记第一册，现藏于中国科学家博物馆。

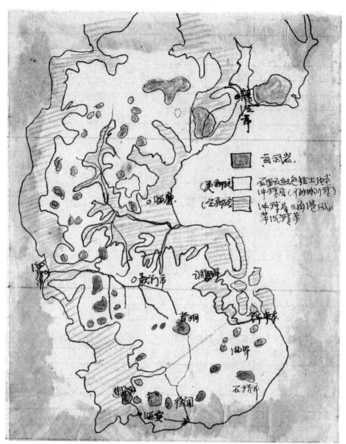

1954 年 11 月 24 日，赵其国手绘的海康垦殖所附近的地质图

　　1953 年 10 月 3 日，工作小队又转到徐闻垦殖所继续工作，到达的当天晚上，在徐闻垦殖所听冯所长介绍当地的情况。徐闻垦殖所位于雷州半岛南端，南去数十里①即至海边。冯所长解释说，本地土壤主要由玄武岩风化而成，一般分成两种土系：一种是徐闻系风壤，其质地黏重，多为黏壤土；另一种是曲界系土壤，此种土壤分布在徐闻县以东地区，在曲界附近，颜色较淡，因雨水甚多形成，而且土质较徐闻系风壤略砂。这两种土壤的共同特点是土层很厚，可达数尺，层次不明显。尽管徐闻垦殖所位于森林地带，但是有机质很少；曲界多因雨水丰沛，位于草原地带，所以有机质含量丰富。

　　1953 年 10 月 4 日是星期日，这天天气晴朗酷热，但工作小队没有休

_____

① 1 里=500 米。

息，在徐闻垦殖所垦殖股负责同志的带领下到徐闻垦殖所东北处 1—3 公里处观察其 8 块林地的生长情况。其中有几块是"带垦"，2 块是全垦，有几块是田作，正在进行橡胶树肥料比较试验。但因有部分橡胶树是 1953年才种植的，所以难以把握其准确度，仅是作为一般情况来了解。

1953 年 10 月 5 日早上 7—9 点，工作小队到徐闻垦殖所东南部距所仅一两公里的坑仔墩一带查看附近老橡胶园地带橡胶树的生长情况，看到本地橡胶树生长已达 10 年多，很多是 1940 年种植的。当时因无人管理，树木被砍伐或破坏得很严重，而且周围树木密布，橡胶树杂生于丛林中。1951 年，政府安排人员清理了橡胶树附近的林带，并在其周围 25 米处种植木豆，当时留下的橡胶树多是在这种情况下长成的，生长年限可达 13年，当年被砍伐破坏的地带在 1952 年补植了海南苗，生长得很好，高度已达 2—3 米。此地地形起伏，海拔相对较高，表土为壤黏土，土壤下层是近黏土，土壤上层较松。马溶之指出，此地风壤的肥力低，腐殖质少。

1953 年 10 月 6 日，赵其国和其他人员一起，随马溶之至愚公楼一带观察土壤与苗木生长的情况，愚公楼位于徐闻垦殖所坑仔山东南 15 公里处，此处土壤颜色较淡，在此地进行土钻取样时发现，上方 20 厘米为有机质层，但腐殖质含量并不丰富。愚公楼菠萝山附近地区是徐闻垦殖所最早的橡胶树苗培植基地之一（徐闻垦殖所坑仔与此处均为老橡胶树苗地），此地在没有大规模开发种植橡胶树之前，曾有部分苗地是在农业厅的领导下种植的，1951 年种了 800 亩[①]，植苗 15 000 株，但有 10 000 株未成活，占了近 70%。曲界第十九场的情况是，1952 年 11 月 5 日定植苗，12 月 3 日受过霜，但未死苗，自胶苗栽种后近一年时间，施肥已达 11 次，胶苗平均生长高度达到长 120 厘米，长势较好。

在雷州半岛考察一段时间以后，1953 年 10 月 8 日，工作小队又转道海南，在海南的西部地区工作了 1 个月，于 11 月台风来临之际又返回雷州半岛，在徐闻等地继续考察。10 月 31 日至 11 月 9 日，因为台风来临，野外考察工作无法开展，大家就在海口等了几天，于 11 月 9 日上午 10 时才由海口转至海安工作。在海安上岸后看见沿海岸上玄武岩风化的徐闻系土壤剖面，此土壤剖面甚为典型，最高厚十余米。11 月 11 日，整个工作小队在雷州半岛徐闻垦殖所了解所内情况，由该所一位姓董的股长介绍工

---

① 1 亩≈666.7 平方米。

作，李庆逵对大家在前期工作中遇到的相关问题进行了解答。

1953 年 11 月 11 日下午至 11 月 17 日，工作小队围绕徐闻垦殖所开展观察土壤与胶苗生长情况的工作。12 日，在徐闻垦殖所第十二号场观察带垦种植胶苗情况，此地为草面地，主要生长香茅，从 1952 年 10 月开始定植胶苗。定植时进行挖方，1953 年对胶苗的行间进行中耕作业，而株间未进行中耕作业，香茅根系发达，与胶苗争夺肥水，导致这里的胶苗普遍生长不好，叶全枯黄，而且受台风影响严重。13 日，至徐闻垦殖所坑仔第二十四场林带内采集徐闻系风壤土壤整段标本 4 个，标本要求深1 米，宽 25 厘米，厚约 3 厘米，将其全部带回驻地，通过物理化学方法对土壤的主要组成成分做进一步检验和分析。14 日，至下桥附近国营农场了解情况。此农场于 1951—1952 年开办，初期仅以农民生产方式开垦种植，对土质地力等情况了解不多，水田作物在旱时会被旱死，在涝时会被涝死。1953 年 3—8 月旱情严重，水稻也深受影响，晚稻因天旱不能插秧。1951—1952 年的情况恰好相反，不但不旱，反而涝情严重，因此这些国营农场的特点是易受旱涝灾害。15 日，大家到徐闻垦殖所第二十四号场附近采集分析标本，共采集毛蔓豆、假番薯、山黄麻等 11 种覆盖作物。这些作物均在橡胶树林中采集，以供在室内分析其养分情况，作为未来选择覆盖作物的参考。17 日，工作小队组织考察工作总结讨论，李庆逵初步提出总结提纲内容，包括开垦作业方法、肥料问题、覆盖作物及土壤微生物情况，为下一阶段的肥料试验工作做准备。

这一阶段的工作结束以后，很多人都已经离家出来工作接近 3 个月了，在新的一批人到来以后，组织上安排前期考察的部分人员回所里，一是将考察过程中采集的标本带回所里进行仪器分析，二是进行总结和休整，赵其国于 1953 年末回到南京。

1954 年 3 月，在广州开完会以后，赵其国和工作小队又到雷州半岛考察，从 3 月 22 日开始，首先在徐闻垦殖所附近进行试点工作，在坑仔第二十四号场进行土壤试点工作，主要是以土壤为单位进行，一部分人出去在附近调查土壤情况，另一部分人在所里分析采回的标本。当时正值旱季，雨水少，因此不论在林外还是在林内，土壤均呈较干状态，与 1953 年末观察到的情况有差异，这是一个重要的观察点。24 日上午，土壤考察队到徐闻垦殖所西部近曲界地区第十六号场内观察胶苗及土壤情况，此地全为高草草原地,主要植被为禾本科草类及少数豆科,如香茅、鸭嘴草、白茅、山蚂蝗等。此处土质较好,有较多团粒。晚上队内开会讨论与中国科学院植物研究所(以下简称植物研究所)考察小组的配合问题,最后决定分成 4 个小队,第二天分别与植物研究所的人员配合开展工作。

1954 年 3 月 25 日上午,土壤考察队共分 4 队,在徐闻垦殖所第二十四号场进行综合性调查,赵其国与宋达泉一道在第二队,该队由复旦大学的一位教授担任领队,在第二十四号场分别与植物研究所考察人员一道开展工作。此处土壤变化甚小,因此只就橡胶树的行间、株间进行比较,就水分、温度等进行比较。下午,在第二十四号场北一区考察时,仅在地势较低的地方发现有黄化之黄色土壤,其他没有什么大的变化。28 日上午,土壤考察队进行分组讨论总结;下午,土壤考察队展开讨论,明确与统一工作方法:一是要重点而深入地开展工作;二是基本的记载是必要的,但是不能仅仅停留在记载上。徐闻考察小队要与植物研究所来的人员布置小型试验室,施肥试验于 4 月 5 日布置完毕;那大考察小队要研究一定植物、一定环境下不同母质的变化情况;要把各考察队所在地区五万分之一的土壤图绘制出来,以便最终汇总。29 日下午,土壤考察队进行本阶段的工作座谈会,分组报告,雷州半岛的考察工作告一段落。

三、赴海南考察

海南岛是中国仅次于台湾岛的第二大岛,全境属于热带地区,但在其北部,受海拔与季风影响,气温相对较低,呈现出亚热带气候特征。海南岛的东部地区风力较强,不适合种植橡胶。橡胶需要生长在背风、向热的地方,且风力不能太大。海南岛的西部地区风力小,东部地区风力比较大,北部地区温度比较低,南部地区温度比较高。因此,工作小队的目标主要就是选风力小、向热的地块。

李庆逵负责海南岛南部地区的考察,是海南岛、华南这一带土壤肥料和橡胶宜林地考察的总代表。1953 年 10 月 8 日,工作小队马不停蹄地渡过琼州海峡抵达海口,在海口稍事休整并讨论下一步的工作计划。李庆逵召集大家开会,讲了下一阶段的主要任务:一是以海南西北部、离海口大约 140 公里的那大镇为中心进行土壤与覆盖植物调查,时间不超过两周,以普通了解为主，详细的观察不超过 10 天；二是从那大镇回来以后，在距离海口不远的福山镇附近调查丘陵地的风壤（玄武岩）的荒地。同时，了解不同开垦方式下土壤的变化，并结合气象变化研究对苗木生长的影响，从而进一步确定采取哪种开垦方式对胶树长期生长有利。

因为第二天就要出发，所以开完会以后，大家又连夜整理野外考察必需的器材和装备，忙到很晚才睡。10 月 9 日一大早，赵其国和工作小队的其他人员在李庆逵的带领下从海口出发，前往那大镇进行考察。当时公路基建比较差，有的地方就是简单的砂石路，海南雨水又比较多，路上难免坑坑洼洼的。工作小队一行人分乘两辆卡车，人与器材箱靠着坐在车厢里，车厢上罩着油布遮挡阳光，沿着海口、龙山、白莲、福山、加利、和舍、和庆、那大、洛兰一站一站往前赶。所走路线位于海南岛西北部，一路上主要是起伏地、小丘陵地形，有草原、灌木、森林、荒山地和梯田等。

经过一天的颠簸，下午天快擦黑的时候，工作小队终于到达此行的终点——距离那大镇不远的天任垦殖场。简单吃过晚饭以后，大家分头休息。赵其国虽然也很累，但他有个习惯，要先把当天的事情稍稍总结回顾一下记录下来，然后再考虑一下第二天要做的事情，理理思路。第二天上午，因为一路奔波太累了，太阳升起来老高了，有的队员还没有起床。赵其国早早就起床了，吃过早饭以后暂时没有其他事情做，他就跑到天任垦殖场的资料室去查材料，找到一本《林业调查手册》，看到感兴趣的内容就抄在本子上，以备外出考察时参考。

因为时间比较紧，李庆逵考虑到工作小队的成员大多都是新人，虽然在雷州半岛等地已经得到一些锻炼，但还是需要加强学习，于是，下午他召集大家开会，讨论下一步的工作，包括土壤的调查与分析、肥料试验的布置、覆盖植物和开垦方式等。李庆逵耐心指出大家之前在雷州半岛考察中出现的一些问题，然后详细讲解了土壤概图、土壤详图和土壤略图的概念以及相互之间的关系，并要求大家在海南调查中制作 1：50 000 的土壤图（概图），对土壤剖面图暂不作要求，只制作路线土壤图。大家都听得很认真，不知不觉天就黑了。吃过晚饭以后，工作小队没有再安排学习活动，赵其国又跑到资料室去查看资料，找到一本黄瑞采编写的土壤肥料讲义，发现内容十分丰富，也契合当下的工作要求，包括土壤培肥、有机质和无机质养分等。该讲义中还特别提到，在华南的三个橡胶种植地区中，森林地最肥沃，灌木蒿草地其次，草原地中，生长白茅、香茅、鸭嘴草的草地又比生长矮草、蜈蚣草的土壤肥力要好。这些内容，赵其国都一一摘录下来，记在自己的工作笔记本上，以便时常参考。因为大学阶段主要学习的是农学专业课程，土壤肥料方面的知识比较欠缺，所以赵其国就像海绵吸水一样，只要有一点机会，有一点时间，就针对性地加强自己的专业知识学习，为更好地开展工作打下重要基础。

一切准备就绪，从 1953 年 10 月 11 日起，工作小队开始橡胶林地的考察工作。赵其国与其他队员一起，从天任垦殖场原有的橡胶林地开始考察，先观察了该垦殖场第七、十、二十四号林地，接着又到天任垦殖场东北方向的一片林地观察土壤与母岩及胶树的生长情况。天任垦殖场位于那大镇西北方向 10 公里左右，是当地仅有的几个老胶园之一，一般胶树都是在 1905 年定植的，已生长快 50 年。此地地形为高丘陵地带，海拔 60 米左右，以前为生长很繁茂的森林。但大家考察时发现，大量林木均已被砍伐，导致地表土壤被雨水冲刷，土层中留下的有机质较少，生长着很茂盛的灌木林与稀稀落落的乔木。其土壤多为片岩风化而成，特征指标与灰棕壤相近。

中午大家也没有回垦殖场，就在外面简单吃了一些干粮，稍事休息又赶到天任垦殖场的洛南独立分场去考察。此地区为全垦地区，在 1953 年 6—7 月全垦，全垦地带有 100 亩左右，西南与东北坡度为 3°—4°，在已垦地上发现有冲刷现象，此地原为高草草原与较多林木的地段，全垦后种植有直播苗，每亩约有 33 株。因为开垦后只种植了很少的胶树且为直播苗，其他空地未曾利用，所以虽然原先是森林地，地面土层厚，且有丰富的有机质，但是经过不断冲刷，很多有机质被冲蚀，已能看见坡斜地上有很深的冲刷沟。加上经过耕犁之后，底土中的砂粒被翻到地表上来，随后在雨水的冲刷下，表土上留下了许多小石子。虽然每年 10 月以后台风变少，但是 12 月至次年 1 月东北风与北风较多，这种土壤的耕作方式既不能保土，又不能防风，未来发展方向很不乐观，土壤可能会被冲刷殆尽，因此应注意保土问题。对于发现的问题，工作小队都一一做了记录，对重要点位的土壤剖面进行了拍照，并采集了土壤标本。

在天任垦殖场考察了整整两天，工作小队又收拾器材和设备赶到下一站继续开展工作。坐了半天的车，大家也顾不上好好休息，一到和庆垦殖场，马上就听场部一位工作人员介绍情况。该垦殖场面积有 5 万亩，已种植胶树 3 万亩，复查宜林地仅 7000 亩。问题最大的是东部的第三分场，不适宜作为橡胶种植地，已全部废弃，而东部第二分场与第一分场中亦有部分林地弃之不用。该垦殖场土壤状况复杂，即使是在同一片林区内，土壤质量也存在显著差异，包括优质土壤和劣质土壤。在评估是否适合种植橡胶时，需要考虑优质土壤在整个土壤中所占的比例。如果大部分地块的土壤质量不佳，仅有少数地块拥有适宜的土壤，那么这些小块的优质土地也不宜种植橡胶，因此不得不放弃。了解到这些情况以后，赵其国心情有些沉重，特别是在之后几天的考察中，他看到几个胶园的橡胶苗生长状况都不好，感到肩上的担子更重了。

在和庆垦殖场考察了三天，工作小队继续赶往下一站。因为工作量比较大，时间又比较紧，李庆逵将几个人又分成三个小组，各小组除工作小队的人员外，再带当地配备的几名工作人员一起考察。赵其国与李庆逵分在一组，在儋县垦殖所第二分场工作。儋县垦殖所第二分场西北部原为灌木林，砍伐后烧山，曾长满茅草，因为疏于管理，这些地方已经全变为沙土，橡胶苗死亡很多；南部胶园里的橡胶苗于 1952 年 9 月定植，经过两年生长，部分橡胶树已长到 3 米多高；东北部荒地准备开垦出来，可以新增 2000 多亩宜林地。赵其国发现，这个分场种植的大多数橡胶树生长较弱，树干大多细长，只长高却不长粗，一般高约两米，但很细，经不起风的吹袭，即使在无风时，因其苗细而长而呈倒垂现象，问题比较严重。

这次考察一直持续到 1957 年 10 月底，因为台风临近，赵其国和工作小队部分人员返回雷州半岛，一直忙到 12 月底才回到南京，一边整理分析前一阶段的考察结果，一边查阅资料准备下一阶段的工作。

新年刚过，赵其国又随新一批考察队员回到广州。1954 年 3 月中旬，赵其国与其他考察队员一起到广州参加橡胶宜林地考察会议，一边听取上级对前一阶段工作情况的总结评价和下一步的工作安排，一边了解工作小队下一阶段的工作计划和工作内容。工作小队在海南岛东部的工作重点是，首先总结成功的经验与失败的教训，尽快找出适宜胶树生长的自然条件，并结合当地植物与土壤条件情况，总结宜林地的标准，再开展选宜林地的工作，将宜林地标准进一步区域化和具体化。第一期的工作主要是到各地进行实地考察，在基本完成的基础上，第二期工作是结合前期在临高一带获取的数据，先制作有关地区的土壤概图，然后确定路线图，最后选择宜林地。广州的这次会议确定，今后海南的工作重点要放在高丘陵地区，低丘陵地区的胶树以前生长较好，但现在普遍不太好，根据这次考察结果，未来的橡胶种植应当优先考虑在高丘陵和地形复杂的丘陵地区发展。开会、讨论，前前后后持续了半个月时间，3月30日，李庆逵带着赵其国与工作小队其他人员从雷州半岛南部的徐闻坐渡轮去海口，准备下一步的工作。

第二天，李庆逵与华南垦殖局海南分局讨论工作计划。海南橡胶宜林地的选择开始主要由华南垦殖局海南分局负责，1952年1月开始勘测工作，3月大规模铺开，到8月初结束。1953年2月，华南垦殖局海南分局提出"先森林后灌木后草原，先机垦后人垦"的原则，开始注意各种因素之间的综合关系，对于宜林地，也根据具体情况做了分级。尽管分级标准还比较粗放，但总算让基层工作人员有了依据，并在具体实施过程中不断细化和修正，如不久之后又提出"要依靠森林，依靠静风环境"的说法。1953年9—12月，华南垦殖局海南分局还对之前确定的橡胶宜林地开展复查工作，重点仍以土壤为主，强调土壤、土壤母质及有机质组成等关键因素。在开展土壤类型划分工作时，大家才深切体会到综合因子在进行宜林地选择过程中的重要性，比如有的老胶园即使土层较薄，但橡胶树仍然生长良好；在含砾质地区，橡胶树依然生长很好，橡胶苗生长良好率超过70%，露头率达50%；以前人们普遍认为沙壤不能种植胶树，实地考察后发现，沙土地上也能种植橡胶树。了解这些情况以后，李庆逵和华南垦殖局海南分局的负责人深入交换了意见，大家认为以前对小气候的重视程度不够，宜林地选择应该先掌握橡胶树的生长习性与来源地的情况，还要全面考虑橡胶树生长环境的土壤、气候等综合因子之间的关系。

根据新掌握的情况，李庆逵及时调整了工作计划，重新分配了任务。1954年4月初，赵其国与工作小队再次前往那大镇附近考察，先在大星场第四林区场部周围地区考察土壤与植物的情况。大星场位于那大镇西北约30公里，为低丘陵地区，有少数地势变化较大，一般坡度在5°左右，少数达到10°以上。此地为云母片岩风化的风壤，属那大系，因母岩关系，表土为砂壤土，心土为砂质风壤土，离地表50～60厘米则有砾石层，其中主要为石英及云母片岩的碎块。石砾层中含有少部分的黏土与半风化的云母片岩，故其肥力较高。开垦后土壤中的有机质少，温差很大，这对橡胶苗生长相当不利。经过 20 多天时间的考察，工作小队在大星场第四林区召开本阶段工作总结汇报会议，讨论了覆盖植物的情况，并认为本区域林区不宜采用全面机械开垦，应尽量保持植被覆盖，避免土壤暴露。

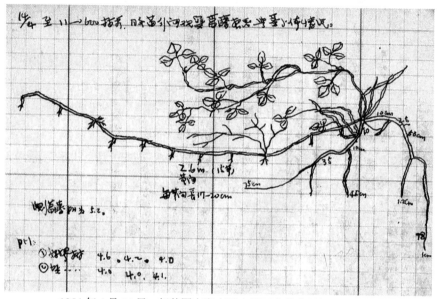

1954 年 4 月 14 日，赵其国在海南那大镇西北的大星场第四林区
考察时所绘制的菖藤根系图

在进行总结汇报时，大家认为工作小队参加海南宜林地的考察工作一个月以来，面临的困难很多。例如，工作人员是从全国各地招来的，大家对华南的情况都不了解，业务水平普遍很低，很多人甚至从未来过海南，在工作方法上，缺乏综合研究经验。因此，大家普遍对自己信心不足，认为工作太艰苦了，情况都还未掌握如何开展工作呢？在土壤工作方面，开始时只有两人参加，除了要配合植物组十几人开展工作外，还要在野外工作中做一些具体分析工作，加上工具极度缺乏，因此刚开始时，土壤工作进行得比较忙乱，与植物组的同志讨论研究的问题也较少，工作不够深入。但是，全队同志积极努力、互助团结、开动脑筋，工作中也取得了不少成绩。

1954 年 6 月 2 日，考察小队在海口开会讨论下一阶段的工作内容。大家认为，考察前准备工作要做好，事先要订立明确计划，先由少数同志拟订计划提纲,订立行程计划后分发至各工作小队,协调和统一行动时间,准备资料和仪器。每个工作小队要明确组织领导,队里的责任要明确,政治和业务干部的力量要合理配备,干部需要具备必要的业务知识。6月8日,整个华南橡胶宜林地考察队在湛江召开总结汇报大会,何康出席,并指出当前科学赶不上生产,客观上存在"科学基础差,生产在前,研究在后"的情况;主观上科学研究工作的计划性不够,与生产和实际的结合不够,力量组织不足。湛江总结大会前后开了一周,全面回顾和总结了在雷州半岛与海南考察的情况,肯定了大家取得的成绩,指出了工作中存在的不足,大家收获都很大,解决了不少问题。

1954年6月17日,经过短暂休整以后,赵其国接受新的考察任务,由湛江出发赶赴广西,在海南的考察工作暂告一段落。

四、在西双版纳考察

在广西的考察范围不是很大,时间也不长,前后持续了不到一个月的时间。之后,根据上级安排,赵其国与考察队将工作重点转移到云南的西双版纳地区。西双版纳南部地区,包括景洪和勐腊,都有橡胶树种植。

西双版纳地区有大量的热带雨林,树木高大,有的高达几十米。经过考察队的调查,一旦确定某个地方可以种植橡胶,这个地方的树就会被全部砍掉,由于树很高大,拖也拖不出来,所以树被砍掉以后,通常就地烧掉,导致整个山头烟雾弥漫。这项工程相当大,有时把砍掉的树木围起来烧,要烧几个月。林地烧过以后,用"斯大林100号"拖拉机把土地翻一遍,平整以后把橡胶树种子种下去。如此一来,原本的热带雨林就变成了橡胶苗圃。

考察队在西双版纳考察的时候,经常要钻到热带雨林里去,林子里面有大象、蟒蛇以及各种各样的野兽。有一次,赵其国就踩在了蟒蛇身上,却并未意识到。考虑到野外考察比较危险,当时军队派专人携带武器与考察队员一起进入雨林中,一个小组一般有20人,其中士兵10人、考察队员10人,一对一地对考察队员进行保护,以免他们被野兽伤害。有时走到林子深处,晚上考察结束了出不来,大家就在林子里宿营。有时一待就是五六天。

1958 年，赵其国（左三）在云南西双版纳进行野外考察

　　钻热带雨林是十分辛苦的，别的不说，单是蚂蟥就让许多人受不了。那时，赵其国穿的袜子是防蚂蟥的，是用比较厚的布做成的袜子，袜筒比较长，可以套在裤腿外面，再用布带子绑扎起来。但蚂蟥太多了，在前面第一个走的人要好一点，走在队伍最后的人，身上能爬几十只蚂蟥。蚂蟥用吸盘紧紧附在人的皮肤上，只有吸饱了血，才会脱落。赵其国就曾被蚂蟥叮过，他记得当时从身上打掉的就有五十几只。有时候被蚂蟥叮得实在没办法了，队员们就点上一支烟，用红红的烟头在蚂蟥吸过的伤口上烫一烫，烫肿了，血也就止住了。队员们就在这种艰苦的环境下日复一日地坚持考察，从未有人抱怨。

　　野外考察途中，有时大雨刚过，水流湍急，队员们虽手拉着手过河滩，但一不小心就可能会被大水冲走。多年以后，赵其国还能想起当年的危险情景。有一位刚从苏联留学回国的同志名叫赵世祥，他从植物研究所过来工作。一天，在野外调查返回驻地的途中，遇上山洪暴发，赵世祥被卷入洪流，不幸牺牲，年仅 28 岁。后来大家在整理他留下的日记时，发现日记中有一段是这样写的："我立志要为中国有自己的橡胶与热作基地而发奋工作，中国应该是一个富强昌盛的中国，这就是我一回国就报名加入边疆工作的唯一理由。"

1957 年 5 月，在云南金沙江河谷考察时，赵其国（左二）、张俊民（左一）、邹国础（左三）、龚子同（右一）等在金沙江一座渡桥上合影

那个时候，考察队的小伙子们几乎都是从各高校挑选出来的毕业生，每个人的身体素质都很好。他们每次背着糯米饭、馒头之类的干粮就出发了，水就喝林子中小河沟里面的水。有些水很清澈，可以直接用手捧起来喝。但是必须非常谨慎，因为有些水喝了会致命。许多经常进行野外调查的人都有经验，清楚哪些水能喝，哪些水不能喝。特别是一些当地人，他们对水质情况很清楚。在野外考察，饮食越简单越好，基本上都是糯米饭、馒头就咸菜。糯米饭算是当地比较流行的吃食，就是把糯米煮好以后，在饭里面包一点咸菜，再用芭蕉叶捆起来放在身上，饿了就吃一个。

苏联专家也参与了此次调查。由于吉普车数量有限，大家有时会共乘一辆吉普车出行。在许多地方，由于没有路，人们通常会选择骑马前行；在路况较差的区域，则只能靠步行，有时需要借助拐杖行走。苏联专家主要做生物地理群落（包括土壤、动物、植物、气象、群落）研究，组成了一个生物地理群落学的研究组，共有 5 个人，植物、动物、生物、环境、土肥方向各一人，组长叫苏克切尔夫。他们也将橡胶作为研究对象，参与中方考察队的工作讨论。李庆逵担任综合考察队队长，是中方考察队的首席科学家，负责全方位的工作。另外，还有植物研究所的植物学专家吴征镒和生物学专家侯学煜。苏联专家与植物研究所联系比较多，与吴征镒一起开展一些工作，后来国际形势有所变化，苏联专家就陆续全部撤走了。当时，赵其国刚大学毕业，作为工作人员，跟随李庆逵等边干边学，主要负责采标本、做分析、写报告等基础工作。

有时考察队需要到龙山采标本，那里的树木大多保持着原始森林的样貌，因为那里有很多墓地，所以树木多年来未曾砍伐。只有使用从那里采的标本做的实验，才能做有效对比，人工森林就不太适宜。晚上，赵其国和同伴打着灯笼在森林里采标本，两人一组——因为一个人害怕不敢去，林子里面有时会有狐狸、猴子、黄鼠狼、金钱豹出没，热带的金钱豹很凶残。即使害怕，他们也要去，因为工作不能不做。两个人一起，一人带着大棍子，一人提着灯笼，在这样艰苦危险的环境中工作了好几年。

除了吃饭、睡觉，赵其国和同事们几乎整天忙于研究橡胶树的生理效应、排出的二氧化碳、吸收的氧气、吸收土壤里肥料的滚动性。采集标本需要爬树，有时到了晚上 12 点还要往林子里钻。他们花了 4—5 年的时间做这项工作，目的就是保证橡胶树成活以后能够长期生长，实现高产稳产。所以，那时大家都是自觉地、拼命地工作，浑身充满干劲儿，深感自己的工作与国家的利益是紧密相连的。

在橡胶树种植的土壤基础研究方面，赵其国和同事们总结了很多经验。现在东南亚种植橡胶树也是基于他们的研究思路填补的，南京土壤研究所在那里开办了很多学习班。橡胶树种植与其他农作物栽培不一样，不能施一般的氮肥、磷肥和钾肥，而要施长效肥。一年生的植物用普通氮磷钾肥可以，但橡胶树是多年生热带乔木，生长寿命大约 70 年，经济寿命也有大约 40 年，每隔 3 天割一刀，使用的肥料必须是耐久的、持续的，而且要在几十年里能够循环的。比如磷肥，不是施一般的过磷酸钙，而是直接用磷矿石，将其磨碎作为肥料。用磷矿石作为橡胶树种植的肥料，在橡胶树种植史上，中国是首创，这对肥料史是一个重大贡献。磷矿石在普通农田中不适用，效果不佳，庄稼长不好。

赵其国就这样一直坚持工作，从雷州半岛到海南岛，最后到西双版纳。在西双版纳连续工作几年，才筛选出宜林地，播下去的橡胶种子都顺利长成了幼苗。现在坐飞机到那儿看看，全是橡胶树。原来好多热带雨林，全变成了人工橡胶林，这个工程非常了不起，那是响应党中央的号召，几万人齐心协力打的一场漂亮的橡胶战。

在华南橡胶宜林地的考察过程中,取得了几项重要成果:第一,中国能够发展橡胶产业,可以大面积种植高产、优质橡胶树;第二,橡胶树种植的北移纬度超过了世界其他地区的北移极限,已推到热带纬度的最北端,并扩展到亚热带地区,包括广州南部到雷州半岛北部地区,也可以种植橡胶树;第三,现在中国培育的高产橡胶树新品种已有一部分推广到东南亚地区,甚至世界其他地区也来引种。无论从理论、实践还是从生产、国防来讲,这都是比较成功的。在1978年召开的全国科学大会上,南京土壤研究所的"以发展橡胶为主的热带作物宜林土壤调查及施肥"项目荣获国家重要科技成果奖。这个奖项是靠集体的力量获得的,赵其国觉得自己在华南近10年的辛苦和付出是值得的。

第五章　四年援古无怨言

20 世纪 60 年代，为了帮助古巴克服经济困难，中国除了在经济贸易等方面给予古巴支援外，还决定派土壤、渔业、文化等领域的专家组赴古巴执行国际援助项目。1964 年 2—5 月，负责土壤专家组的马溶之带领赵其国等几位南京土壤研究所的技术人员到哈瓦那与古巴科学院商谈援助计划，并进行一般性考察。1964 年 9 月，南京土壤研究所成立援古土壤专家组，由李庆逵带队，分地理和野外调查、农业化学、物理、温室等几个专业小组。1965 年 2 月，土壤专家组风尘仆仆地再次来到古巴，正式开展工作。1966 年 5 月，李庆逵回国后，赵其国接任古巴土壤专家组组长，一直到 1968 年 12 月全部工作结束才回国。中间其他人换了好几批，但赵其国除 1967 年 4—6 月短暂回国休假几个月外，其余时间都在古巴工作。

一、援建古巴土壤研究所

1964 年 2—5 月，马溶之所长牵头去古巴，赵其国是专家组成员之一。第一站去的是首都哈瓦那，在那里待了不到一个月。当时古巴的国土面积约 11 万平方公里，是一个很长的岛。中国专家先与古巴科学院交流工作情况，了解未来需要做哪些方面的工作，并把相关的工作计划安排好。之后，赵其国与马溶之一起到野外了解了工作情况。古巴基本上处于热带地区，比中国南方省份的温度还要高。古巴属于海洋性气候，是一个岛国，因此海风比较大，气候很好，特别是夏天的时候。

了解了这些情况以后，马溶之很快就回国组织专家小组。根据前期掌握的情况，经过所里研究以后，组成古巴工作组，准备赴古巴开展工作。1965 年 2 月，李庆逵带领援古土壤专家组再次来到古巴，正式按双方签订的协议开展工作，主要是帮助古巴科学院建立土壤研究所，并在此基础上开展工作、培养人才，同时对古巴土壤进行全面考察。工作组成员与古巴科技人员一起，共同组建古巴土壤研究所，首先建起五个实验室：土壤资源及调查室（赵其国、刘兴文负责），土壤化学实验室（朱兆良、赵家华负责），土壤物理实验室（程云生负责），土壤微生物实验室（沈峻负责），温室（罗志超负责）。各小组除在室内进行研究工作以外，还需要在野外进行调查和采集标本，时间紧、任务重。

1964 年，马溶之（右四）率我国土壤专家赵其国（右一）、陈家坊（右二）、鲁如坤（左二）等援助古巴开展土壤调查研究，古巴科学院院长希门尼斯（Antonio Nunez Jimenez，右三）亲切接见代表团成员，并与大家合影留念

确定要帮助古巴科学院建立土壤研究所后，紧接着就是选址。工作组在离哈瓦那市区不到 10 公里的郊县圈划了一块不到 200 亩的岗地，此处

气候很好，环境也不错，虽然地形有点儿起伏，但是很完整。另外，选了将近 1000 亩的地作为试验地，用来盖温室等。地址选好了就开始规划，规划由中方专家负责，具体实施则由古巴科学院来完成。他们在那边修了一些小平房，因为古巴要防台风等灾害性天气，所以房子盖得很矮，外观很漂亮。房屋外面的结构比较简单，但是里面全是先进的电气设备。不久，一座包括办公室、试验室、温室、宿舍等占地近 1000 亩的古巴科学院土壤研究所就建成了。所有这些建设经费都是由中国政府提供的，包括中方专家在那里工作的费用。温室栽培要用到很多盆盆罐罐，这些都是从中国江西景德镇定制后通过船运过去的。1965 年，中方还向古巴科学院赠送了一套土壤实验室技术装备。[①]

随后，古巴又在哈瓦那大学等单位挑选毕业生及实习生等 30 余人，将其分到各个实验室，跟在中国专家后面一边工作、一边学习。古巴科学院土壤研究所所长由古巴的教授担任，中国专家组组长参与土壤研究所的领导工作。

1965 年 5 月，李庆逵（左四）、赵其国（左三）和专家组其他成员、两名翻译在中国驻古巴大使馆合影

① 中国科学院南京土壤研究所. 2003. 中国科学院南京土壤研究所发展历程：12.

　　办公和实验条件具备以后，中方专家就开始准备开展相关工作。考虑到古巴的自然条件，他们初步确定进行一次全面考察。首先，按照1：50 000的比例制图，将考察区域分成800多个方格，绘制800多幅图，每个方格都要进行实地考察。考察组持有军事通行证明，无论是军事基地还是其他地方，都能畅通无阻。这些准备工作在考察之前就已经完成，包括与我国外交部、古巴科学院等各机构的协调工作。

　　古巴位于热带地区，北临加勒比海，属于中美洲地区，其气候条件在加勒比海国家中最具代表性。古巴之前虽然与美国、苏联等都有过这方面的合作，但最终都不了了之，没有成建制、上规模的研究机构。中方专家组作为国家派出的一个工作组援助古巴，首先是在学术上做得很规矩、很严谨，认真完成了古巴地理调查、资源调查、环境调查和气候调查工作，并对其土地资源和土壤环境的未来发展趋势、对农业的影响等情况，都有系统性的论述和总结。关于古巴的土壤地理环境，中方专家是首次认识并加以研究的，在学术上提出了很多新的见解，可以协助古巴科学院建立一个稳定的、具有国际代表性的土壤研究所。

二、开展土壤调查

　　古巴土壤研究所的野外考察任务以地理研究室为主，该室先后共有12人参加工作，其中古巴大学生5人、技术与制图人员5人、中方专家组的赵其国与刘兴文2人。几年时间里，赵其国带领6—8位古巴年轻的土壤工作人员，分乘几辆吉普车，跑遍古巴的5省1岛，东西跨度1200公里，南北跨度50—80公里。他们每天清晨出发，进行采土、制图、访问等，中午吃点儿面包，下午继续工作，到下午4点返回驻地整理土壤和植物标本，晚上还要讨论第二天的工作计划。每天的工作地点都不一样，但工作内容基本相同，这样的工作周而复始，几年中人员保持不变，吉普车却换了4辆。

　　当时古巴的国土面积约11万平方公里，仅凭专家组这几个人进行考察，是远远不够的。采标本也不是一两年就能完成的事情，不仅要把标本采好，还要进行实验室分析，这样才能知道植物的生长情况、土壤的农业生产可能性等情况，工作量非常巨大。所以，除了建设实验室、制订计划外，根据古巴土壤研究所的建设需要，中方专家组开始培养古巴本地的土壤科学工作者。

哈瓦那大学是古巴最著名的大学，专家组挑选了一些当时毕业不久但还留在学校里面的学生来做实习生。因为主要是做野外调查工作，所以选择了身强力壮、适合野外工作的男学生。做物理、化学实验的主要工作地点是在实验室，因此就选择了一些女学生。第一次挑选了 20 多个人，如果在哈瓦那大学挑不到，就抽调其他具有实验技术的老师，就这样组建了一支古巴土壤研究的工作队伍。

赵其国等人担任各组的组长，每个组都由一些在古巴学校从事教学科研工作的土壤科学方面的教师组成，其中包括一两位教授。这些教师再带领一批学生，加起来每个组有 10 多个人。其中规模比较大的就是土壤地理与改良组，因为这个组要负责野外调查、绘图等工作，内容较多。在约 11 万平方公里的国土上，他们要绘制几百幅图，最后将这些图拼在一起，拼成一幅比例为 1∶150 万的图，工作量非常大。另外，还要采集几十万个标本，把每平方公里分成四个方格，在每个方格采集一个标本，总数非常庞大。

1965 年，赵其国（右一）、刘兴文（土坑中站立者）与 4 位古巴学生在野外考察

　　赵其国按照计划将野外考察人员再分成三个小组，每个小组配备 1 辆吉普车，大家分头进行考察，同时开展工作。一个省一个省地跑，连续跑了将近三年，车子全跑坏了，后来又补充了苏联产的四辆汽车。赵其国这个组的工作节奏尤其紧张，因为要在野外采标本，这项工作对天气条件要求比较高。古巴天气多变，有时候上午天气很好，但从下午三点开始到四点半一直下骤雨，还伴有很大的风。一个多小时后，天气就会放晴。赵其国和其他考察队员一般都是早晨六点出发，工作到下午一点半，就赶紧回到驻地。下雨的时候考察队员就休息，休息到四点左右，雨一停，赵其国和队员们就又外出采集标本。

1966 年，李庆逵（第二排左一）、朱兆良（第二排左二）、赵其国（第二排左三）
与古巴土壤研究所的技术人员在古巴的热带雨林进行野外考察

　　每次野外考察都耗时较长，短则一周，长则十天半个月，有时甚至持续数月，其间须忍受风吹日晒、露宿野外的艰辛。赵其国和其他中方专家出行时均乘坐汽车，携带考察设备和相关资料。古巴学生则选择乘飞机往返，一是因为古巴的机票价格低廉，二是因为乘坐飞机比坐汽车

1966 年，赵其国（右一）在野外考察时划分土壤发生层，准备采集土壤标本

能更快到家。起初，古巴学生每周都会回家，这对工作的开展影响较大。赵其国与李庆逵商量后，向中国驻古巴大使王幼平反映了这一情况。王大使建议赵其国直接与古巴科学院的相关负责人沟通，请他们做这些学生的思想工作，以便延长他们在野外的工作时间。起初古巴方面不同意，但赵其国建议至少在野外工作一个月后再回家一次，因为人员和设备无法频繁往返，这样一年可以安排七八次野外考察，任务完成速度会更快。然而，当向古巴学生提出这一要求后，他们第二天便集体未出席。

工作任务安排得非常紧凑，时间压力也很大。考虑到古巴学生的实际需求，赵其国提出了一个折中方案：将野外考察周期定为一个月，每周给古巴学生两三天的假期回家，中方专家、司机和警卫人员则留在考察基地。留守人员也不会闲着，赵其国安排他们做绘图和资料整理方面的工作。这一规则一经确定，古巴学生表示同意，于是工作得以顺利继续进行。

工作了 3 个月之后，古巴的学生主动提出每两周回家一次，半年以后，他们表示可以一个月回家一次。到最后，赵其国带着他们在野外考察的最长时间是两个半月，这些古巴的学生也跟着他出差两个半月，中间也没有回家。当然，工作要做，家庭也很重要，所以只要条件允许，赵其国就让古巴的学生把自己的家属接到邻近工作地点的城市来玩，机票由赵其国负责解决，这样的做法很受古巴学生及其家属的欢迎。另外，赵其国充分利用在使馆休整的机会，请古巴的学生携带家属到使馆聚会。这些活动促进双方之间的关系变得十分融洽，赵其国等中方专家的工作精神和工作状态实实在在地感染了他们。

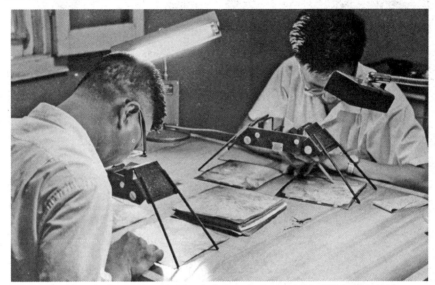

1966 年，赵其国（左）与刘兴文在古巴海边一家制糖厂甘蔗研究所的招待所里连夜研究地形图的航测照片

中国专家对古巴年轻人的培养方式是"学、教、干"。首先让他们在野外实地学习土壤调查与制图的操作技术和方法，回到研究所后，系统地给他们讲解土壤学发生、分类方面的知识，以及制图的基本体系与原理。在工作中，结合古巴土壤的实际情况，中国专家亲自教授古巴学生进行野外全套操作，使他们能真正熟练掌握古巴土壤调查的系统方法。几年时间里，赵其国正是通过这种形式使与中方专家共同工作的古巴学生均具备了独立开展土壤考察与研究的工作能力。

野外考察工作结束以后，赵其国又花了六七个月的时间带领大家一起总结，包括绘制各种土壤图，将大比例尺地图改成中比例尺地图，将中比例尺地图改成小比例尺地图，最后完成了 1∶250 000 的地图。土壤图完成以后，又完成古巴土壤考察报告（西班牙文版），后来在古巴出版。

1966 年 5 月，赵其国（右三）在古巴土壤研究所
指导古方技术人员开展土壤图制图工作

三、结下深厚友谊

通过几年的工作和生活，古巴方面十分敬佩中国专家长期在外工作的刻苦耐劳、团结友好、坚持不懈的奉献精神。咖啡在古巴有着非常重要的地位，几乎所有的古巴人都有一个生活习惯，就是每天早晨都要喝一杯咖啡后再开始一天的工作。在古巴，街头巷尾都有咖啡店，早晨人们为了喝杯咖啡，常常需要排队。但是这些古巴的学生跟赵其国一起工作、生活一段时间以后，慢慢地咖啡也喝少了，因为他们觉得喝咖啡耽误时间。最初，他们每天都要喝咖啡，后来慢慢地他们就早晨起来喝一杯，中午与下午就不再喝了。

古巴的社会治安情况很好，古巴人民对中国专家也比较友好。野外考察需要去很多地方，考察组随身带着一份证明（类似介绍信），上面盖有 3 个章，一个军事机构的章，一个政府的章，一个古巴科学院的章。古巴的军事设施很多，包括关塔那摩，考察组都会去。当时在关塔那摩的监狱、机场附近，考察组依照图上所分的 4 个方格，在每个方格里面打一个洞，使用土钻打洞，采集标本，然后用纸盒装起来，带回实验室化验。进门之前都要给守卫出示介绍信，考察组的车子才会被允许开进去，有时会询问一下，都是由赵其国的古巴司机进行解释。有的单位还会为考察组提供一些面包、水果，让他们休息一会儿，十分友好。

在古巴，赵其国爬过一座山，叫作马埃斯特腊山，是古巴东南部的山脉，东起关塔那摩湾，西至克鲁斯角，由几列平行的山脉沿着海岸绵延而成，主峰图尔基诺峰是古巴的最高峰，海拔 1974 米。赵其国和考察组人员边走边工作，攀爬了三天，他们起初骑马前行，到了陡峭的地方，由于地面全是石灰岩，他们只能手脚并用地爬上去。他们在山顶上搭帐篷住了一个晚上，并且把自己的名字签在主峰的岩石上面，在此之前还没有哪个中国人的名字签在马埃斯特腊山上。

每逢星期五的下午到星期一的上午，赵其国就会和其他人一起到大使馆。大使馆专门给他们安排了一栋小楼，叫专家楼，除了赵其国等南京土壤研究所的人以外，还有渔业专家和其他人可以来住。中国驻古巴大使馆的条件不错，大家吃住都在大使馆里面，还会参加政治学习活动，听有关国内的情况介绍。一般是参赞给大家介绍情况，如有重要文件或会议精神，王大使也会亲自传达。因为中国专家在工作中要面对古巴社会上各种各样的人士，他们会问许多感兴趣的问题，所以政治学习很重要，这有助于在对外工作中宣传、推广中国专家的想法和思路，与相关政策保持一致。除了业务活动以外，中国专家还要参加一些礼节性的交往活动，每逢国庆节和春节，要到大使馆参加中古各界人士的联谊会，所以事情不少，工作也挺紧张，生活很充实。

古巴雨天特别多，在下雨天休息的时候，赵其国有时也会到市中心的广场，与当地人一样休闲活动，进行一些必要的社会交往。有时听到、见到一些事情或者社会状况，也会向大使馆汇报。有时，他还会拿一些宣传毛泽东思想的杂志、报纸与当地人交流。吃过晚饭以后，赵其国和考察组的人就分头整理资料，白天走过的地方、做过的事情都要记下来，规划第二天的工作安排、人员调整，并对采集的标本进行整理归类。虽然从早到晚都忙碌不已，但他们并不觉得累。

1967年元旦，赵其国（第一排左三）与古巴土壤研究所农化研究室的工作人员在温室前合影，温室上的"中国万岁"几个字是古巴工作人员写的

最开始是李庆逵担任土壤专家组组长，他于1966年被调回国内。本来也打算让赵其国回国，但王幼平大使不同意，他说中国和古巴的关系十分重要，赵其国的国际合作任务还没有完成，这个时候中断合作，对两国关系影响很大。因此，赵其国就继续留在古巴，并且具体负责相关工作，担任土壤专家组组长兼党小组组长。后来陆续有几位成员回国，又有几位新成员加入。

1966年底至1967年初，南京土壤研究所要求赵其国立即结束手头的工作并回国汇报，但是当时的工作正处于关键的总结阶段，根本就不可能立即结束，后来赵其国想，实在不行就先回国汇报。听说他要回国，古巴土壤研究所所长来跟他告别，并提醒他回国以后要注意安全。

1967年4月，赵其国回到南京土壤研究所，发现正常的工作都停了。回到家，妻子刘晼兰跟他谈了一些所里的情况，叮嘱他不要乱说话。第二天，南京土壤研究所的有关人员就找他谈话，让他交代在国外的一言一行，这样前后持续了有一个星期的时间。相关情况传到了古巴科学院，特别是中国驻古巴大使王幼平那里，他马上向上级部门汇报，说赵其国回国的时候，古巴方面和大使馆协商好，只允许他回国待两个星期，但是现在因为一些事情，超过了这个时间，对古巴方面没办法交代，影响了外交可是大事。在上级有关部门沟通协调的过程中，赵其国一直待在家里，静静地等待通知，与家人度过一段难得的温馨时光。1967 年 6 月底的一天，南京土壤研究所接到通知，要求马上安排赵其国去北京，返回古巴的机票已经订好，3 天之内必须到达，其他事情等在古巴的工作结束以后再回来接受审查。就这样，在上级的安排下，赵其国很仓促地跟妻儿做了简单的告别，从南京直接乘机飞往北京，到北京的第二天就乘坐国际航班到达古巴，继续开展工作。虽然这次回国时间不长，也经历了波折，但赵其国见到了家人，尤其是两个孩子，看到他们在不知不觉间都长大了，甚是欣慰。

1967 年，赵其国（左一）回国休假期间，与刘畹兰（右一）、儿子赵坚（左二）、女儿赵智（右二）在南京市玄武湖游玩时合影

　　古巴方面为赵其国的考察小组配备了一些教师和大学生，几年下来，这些学生都成长为具有一定能力、能独当一面的科研人才或管理者。其中，一名学生后来成为古巴土壤学会的主席、古巴科学院的副院长；另一名学生成为南美资源委员会的副领事。1994 年 7 月，第 15 届国际土壤科学大会在墨西哥阿卡普尔科举行，赵其国参加会议时碰到了他们，他们兴奋不

已，跟赵其国用西班牙语交流。一个星期的相处，让本都忘了很多西班牙语的赵其国又讲得跟之前一样流利了。

之后，他们多次邀请赵其国到古巴，甚至他们到北京的时候还通过古巴驻华大使馆找赵其国，不过他当时外出进行野外调查去了。赵其国回来以后，被告知只要他愿意去古巴访问，古巴科学院马上就发邀请函。后来因为多种原因，最终未能成行。这批学生总共不到50个人，都是赵其国培养的。赵其国不仅教他们土壤学知识，重要的是还教给他们为人处世之道。

四、苦中作乐解乡愁

中国土壤工作组在古巴的工作人员包括业务人员9人、翻译人员6人，共15人。根据中古两国科学院的总协议书、1965—1966年两院年度协议书，以及古方1967年8月、1968年7月提出两次延期工作的换文，工作组于1965年2月24日至1968年12月25日在古巴执行协议近4年。在古巴工作期间，远离家人，生活上有很多不方便的地方，赵其国都一一克服了。当时国家规定每个人在国外的生活费，除了用于吃饭以外，每个月大概还有65元的零花钱。这65元钱在古巴也就只能买两件衬衫，连一双皮鞋都买不到。当时美国对古巴实行经济制裁，导致古巴物资短缺，几乎所有物资都是凭证供应的。城市里有几个专供专家购买生活用品的商店，赵其国可以凭专家工作证从那里购买一些生活必需品。古巴全国各地都种植甘蔗都是人工收割，收割时要使用大量的镰刀，根本没有大型机械可用，当时中国一年援助古巴100万把收割甘蔗的镰刀。

古巴地处热带地区，常年气温较高，因此赵其国一年到头大多穿短袖衬衫。当时有的确良做的短袖衬衫，在国内属于稀有的高档服装，因为每天都需要换洗，赵其国就一下买了5件，平常穿的裤子是从国内带到古巴的。有时要出席一些重要场合，每个人还准备了一套西装。西装是由中国科学院出国人员服务部定做的，出国之前借出来，回国以后再还回去。因为到古巴途中要经过莫斯科，比较寒冷，所以可以多借一件皮大衣，回国时归还。那时自己根本没钱做衣服，赵其国和其他人在北京进行出国前短期集中培训时，到中国科学院的仓库里找出国穿的西装，因为自己体形较高大，很难找到合适的套装，就分别找了一件上装和一条西裤搭配着穿。

　　古巴人的早餐比较简单，赵其国和其他人都是从大使馆那里拿牛奶。在古巴，牛奶还是比较贵的，大使馆供应中国专家的牛奶价格虽然比较便宜，但仍然需要用钱购买。早上一般一人喝一杯牛奶，面包不限量，面包要是限量的话，赵其国就吃不饱了。一是他体形较高大，饭量也比别人大；二是他整天在野外跑，体力消耗相当大，早上是一定要吃饱的。当时，赵其国觉得最好吃的东西就是面包夹一段烤香肠，也就是热狗。古巴当地的烤香肠也就是现在流行的火腿肠，但肉比现在的火腿肠多，味道也比现在的很多火腿肠好。将粗的、长的香肠切成一片一片的，夹在面包里吃，比较小的香肠，就整段夹在面包里一起吃。

1966 年元旦，赵其国（左二）和援古中方工作组成员在古巴土壤研究所一起包饺子

　　外出考察时需要自己携带面包和水。古巴天气炎热，本地人喝的水有两种，一种叫作热水，也就是常温水；另一种叫作凉水，也就是冰水。古巴人基本上都喝凉水，因为喝凉水可以解暑。中国人一般都喝热水，因为凉水比热水要贵好几倍，在外面不是随随便便就能喝到的，而是要到商店里去买，一瓶一元钱或者两元钱，像现在的瓶装矿泉水一样。考察队早上出发的时候可以带凉水，规定一个人可以带两瓶凉水，另外可带一些面包，再带一些火腿肠。有时候大家会到当地农家，跟农民聊聊天，交换一些食品。农家一般也都是很困难的，有一点面包，但是吃的东西很少。农家最常见的食品是酸黄瓜，都是自己腌的。古巴的农民十分淳朴，一般家庭人口多的有 5 个孩子，少的也有 2 个孩子，因为古巴人觉得孩子是自己生命的延续，孩子多是一种福分。

1966年3月，赵其国（第二排左一）、刘兴文（第二排右一）
在古巴野外考察时应当地人要求与三名小学生合影留念

古巴全国都种植甘蔗，据说当时有 100 多家蔗糖制糖工厂。为了及
时将收割好的甘蔗运输到制糖工厂，1837 年 11 月，甘蔗种植园主就修
通了古巴的第一条铁路，全长 20 多公里。到 20 世纪 60 年代，古巴已
成为拉美铁路网最密集的国家之一，其中，从西部的哈瓦那到东部的圣
地亚哥约 900 公里，铁路主要不是用于客运，而是用来运输甘蔗和蔗糖。
在考察过程中，赵其国了解到，古巴的甘蔗砍了以后会接着长，大约可
以生长 35 年。而中国的甘蔗一般 2—3 年就要换根，不然会生虫。古巴
是甘蔗生产大国，生产的甘蔗主要用来制糖。不知道是因为加工工艺还
是其他原因，从制糖工厂出来的蔗糖制品硬度都比较高，不适合作休闲
食物，而主要作为原料糖用于出口或其他食品加工。古巴的甘蔗品种比
较好，加上当地适宜的气候条件，出产的甘蔗普遍糖分很高，据说超过
12.6%，而中国一般的甘蔗含糖量大约是 10%。赵其国对古巴甘蔗生长
的土壤也做了一些调查和研究，有时还会去当地的糖厂，厂里的职工对
中国专家特别友好，送给他们好多糖蜜、糖精（蔗糖中最甜的产品，不

是化学合成物)。一趟考察任务结束以后，赵其国将这些东西都带回中国大使馆，分给大家一起品尝。

晚上回到驻地，如果住在当地的城镇，考察组会吃得稍微好一点，一般都安排在饭馆里面吃古巴菜和牛排。因为牛排比较贵，所以通常都不大，一块小牛排，搭配上土豆一起吃。另外，可以喝一杯咖啡，不是早晨喝的那种特别浓的咖啡，而是大杯的咖啡饮料，还有一杯果汁。其他就是粗的、长条的面包，可以用手拿着吃。佐餐一般是蔬菜沙拉、水果沙拉，餐前一般有一点儿冷菜。不过，晚餐大家一般吃得都不多，吃完以后可以自由活动，出去转转。

赵其国出去活动时，司机就跟在他旁边，遇到人多的时候就帮着维持秩序，他不仅是司机，还是安保人员。他随身佩戴着枪，跟在赵其国身边有两三年的时间了，除了负责安保工作，赵其国在生活中遇到问题，他也尽量帮助解决，是一个很好的人。后来赵其国回国以后，有一两年时间他还经常给赵其国写信。总的来说，当时赵其国在古巴的生活条件还是很好的，特别是回到大使馆以后，大使馆里吃的东西都是国内运过去的，有不少罐头，那个时候罐头是不容易吃到的。从大使馆拿东西要给钱，但在大使馆里吃东西不用给钱，可以随意享用。大使馆里面还可以看电影，有时也请外国人来看电影。

在古巴考察期间，赵其国经常能见到卡斯特罗。卡斯特罗比较大方，为人坦率，对中国人很友好。赵其国第一次见到卡斯特罗是在大使馆参加国庆庆祝活动的时候，他也到大使馆来参加活动，跟赵其国攀谈起来。赵其国告诉他，中方专家来这里是进行野外考察的，已经考察了三四个省。卡斯特罗问他们是否去过西部的省，并表示自己次日将前往西部省份，可以在那里与考察组见面。后来，他真的到考察组的驻地来找赵其国。见面以后，他就陪考察组的专家一起喝咖啡，吃面包之类的点心，聊聊工作和生活情况，对中方专家表示关心和慰问。后来，赵其国在野外考察的路上又碰到了他，他马上让车辆停下来，简单地打了声招呼，后来又碰到多次。卡斯特罗每次见到中国专家都会说，中国人有大无畏的精神，中国是友好的，中国人是讲情义的……

赵其国在古巴工作了多年，与古巴人交往久了后，他的一些生活习惯变得跟当地人没什么差别，但有些方面丝毫没有变。不少古巴人私下里问赵其国，为何没看到他们到外面玩，而且一两年都不回国，对此觉得不可思议。赵其国解释说，他们在争分夺秒地将整个考察工作持续开展下去。后来，轮到他们自己带学生，也按中国专家的规矩来办，规定学生在野外考察的时候，一个月只能回家一次。中国专家的这种精神其实是一种奉献精神。

刚到古巴的时候，赵其国说的是英语，但古巴的通用语言是西班牙语，只有跟中国专家在一起工作的几位大学教授和学生可以讲英语，但讲得也不是很流利，因此交流上存在一定的难度。后来赵其国下决心要学习西班牙语，否则工作很难开展。他跟几个学生约好，他们教他西班牙语，他教他们英语。赵其国要求学生3个月内教会自己用西班牙语与他们交流，3个月以后赵其国就不讲英语了。学生们的积极性都很高，赵其国每天早晨4点起来，学生用两个小时到两个半小时的时间教他西班牙语，一直练到吃早饭的时候。

那个时候学习一门新语言很辛苦，没有收音机，早晨起来要听本地广播，广播里卡斯特罗讲话一讲就是两三个小时，他的语言是非常经典的，听他的讲话对练习听力十分有用。在古巴买不到收音机，赵其国就写信给家人，从上海买了一台短波收音机，委托大使馆的人带来。赵其国离开古巴的时候，把这台收音机送给了古巴的一个学生。

不久之后，赵其国就能够担任翻译工作了。本来有一名翻译人员，但他于1965年被调回国了。之后就由赵其国担任翻译，朱兆良到古巴后有时也临时充当翻译，但他主要是在实验室做翻译，赵其国则是在野外做翻译。

赵其国不但可以讲西班牙语，还听得懂古巴的方言，有时他也讲古巴方言。到古巴的第二年，赵其国还在哈瓦那大学给新入学的大学生讲授土壤学的基础课，一个星期上两次课。学校给的工资也很高，每周140—150美元，与教授的工资标准一样。赵其国后来每学期都上课，一学期差不多能拿四五千美元，加上补助费，教了两三年，赚了几万美元，最后都交给了大使馆。

回国之前，赵其国给古巴科学院写了一封信，回顾了在古巴的工作情况，主要完成了古巴全国六省《古巴1：25万土壤图》的编制（共绘制完成255幅1：5万土壤图），同时，还采集了近1万个（次）土壤标本进行

分析化验，按计划编撰完成了《古巴土壤》（西班牙文），对古巴科学院与
古巴土壤研究所给予的工作便利表示感谢。同时，在信中附上中国科学院
土壤工作组的工作总结，为整个援古工作画上了一个圆满的句号。

1968 年 12 月 20 日，赵其国写给古巴科学院院长的信

赵其国从古巴回国的时候，身上只带了 4 本书，一本西班牙文的英西
字典、一本西班牙文的《辞海》、一本文献综述和一本介绍古巴的书，还
有一些自己能够带回国的材料。当时许多材料不能带回国，后来王幼平大
使让赵其国和其他人先回国，由大使馆出具一份证明材料给中国科学院，
证明他们在古巴的工作成绩。回到北京的时候，赵其国身上只有 150 元钱，
相当于两个月的工资，把皮大衣还给中国科学院出国人员服务部以后，因
为天气寒冷，就到旧货摊上买了一件棉袄穿在身上，之后就回了南京。一
回到南京，南京土壤研究所正组织大家去水利工地劳动，赵其国二话没说，
就跟大家一起去河滩挑河泥，前后参加了一个多月的劳动。回到所里以后，
他又详细地整理了一份《科学院土壤工作组在古巴的工作总结》，由南京
土壤研究所寄到中国科学院联络局。

第六章　东北荒地考察担重任

为了贯彻落实周恩来总理关于"四五"期间准备开荒，要把黑龙江省建设成为国家商品粮基地的指示精神，中国科学院和农林部提出"我国荒地资源综合评价及其合理开发利用的研究"任务，摸清黑龙江省荒地资源的分布、数量、质量及其开发利用的条件和潜力，总结全省荒地开垦利用的经验和教训，并在此基础上，提出农林牧合理用地及荒地利用的规划。中国科学院将任务下达到南京土壤研究所，该所紧急抽调正在下放的赵其国回所，组织人员开赴黑龙江，历时 8 年，最终圆满地完成了考察任务。

一、下放江苏泗阳

1969 年 1 月，赵其国和其他人员完成了在古巴的任务后回国。回来以后，大概有一年时间不到，国家开始搞"一打三反"运动，南京土壤研究所也分了好几个点，赵其国参加了在江苏省响水县的工作。响水县有水稻种植区，它的北部是旱作种植区，去那里的人也不少。南京土壤研究所的人组成一个工作队，帮助当地人解决农业生产中遇到的各种问题，前后搞了 3 个多月。后来又到响水县北部的几个村，跟农民在一起生活，参加劳动，前后持续了不到半年时间。

当时江苏省军区提出来要跟全国的形势一样，城市居民要下放，知识分子也要下放。首先就从中国科学院里组织下放队伍，下放是全家一起下放，好在还带着工资，这样生活上不至于有太大的困难。

下放的地方都是当时江苏省最穷困的地区，如盐城、淮阴（现淮安市）等。1970年，赵其国一家被下放到江苏省淮阴县泗阳县王集公社南园大队路西生产小队（现江苏省宿迁市泗阳县王集镇南圩村）。一起下放的有好多人，大家被分在不同的地方，有的在盐城，有的在淮阴。一起下放到泗阳县的5家人包括赵其国一家、朱兆良一家、刘智宇一家、黄雪芳一家和何同康一家。黄雪芳和何同康两家住在王集公社政府所在地，赵其国与朱兆良两家住在南园大队，刘智宇一家住在另外一个大队。下放期间，5家人相依为命。

大家先集中在南京市政府礼堂开会和学习，第二天排好队伍，乘坐大卡车到达下放地点。当时赵其国全家从南京市北京东路71号大院乘坐大卡车先到了淮阴专区。第二天来到生产队，生产队根本没有多余的房子，赵其国和妻子、两个孩子以及岳父五个人只好住在生产队的一间破牛棚里。牛棚的四面是土墙，没有窗子，稻草苫的屋顶，大门也关不上，晚上没有电灯，只能用煤油灯。这个牛棚是生产队的中心区，开会经常就在牛棚旁边的晒场上开，平常稻子、麦子之类的都要在晒场上晒。牛棚里共有两头牛，一头是老水牛，另一头是水牛下的幼崽，牛粪是很重要的肥料和燃料，都堆在一边的堆房里面。当地人很热情，他们人多手快，很快就把牛棚的两间牛房收拾了出来，把小牛和大牛牵到一间小的房间去，把大的那间，就是两头牛原来住的，腾给赵其国一家住。大房子不到20平方米，大家好好打扫了一番，将地面夯平、压实，可以走人，墙上再用石灰水刷一刷，这就算一间房子了。赵其国家里人多，就在房子中间用窗帘布或者床单隔开，两个孩子睡一张床，岳父睡一张床，赵其国和妻子睡一张床。所谓的床也就是用几张板凳拼接上几块木板而已，但人可以躺下来了，这一住就是8个月。

去的时候，当地农民都来赵其国家看热闹，反复数他们家有多少脸盆、牙刷、毛巾、热水瓶。后来赵其国才知道，这里的人家根本没有这些东西，一家人只有一个能在火上烧水用的瓦罐，全家人就用这个瓦罐里的水，很多人家全家人都睡在一张床上同盖一床被子。相对当地人而言，赵其国家是绝对的富裕了。当地老百姓手上都没有现钱，油、盐、酱、醋、煤油基本上就是靠自己养的鸡鸭下一点鸡蛋或鸭蛋换钱去买。后来他们渐渐地知道了，下放干部是国家给发工资的，每个月到时候就能拿到钱，于是他们就尝试着到赵其国家里来借钱，赵家经常有生产队里的人到家里来坐着不走，直到借给他钱。但实际上借就是给了，他们是不可能有钱还的，最多也就是还几个鸡蛋而已。赵其国在那里差不多待了3年的时间，借出去的钱有多少也记不清了。

全家下放就是不管一个人以前在城市有什么样的工作、生活和学习，统统都要到农村去，档案也跟着人走，赵其国的档案就保存在泗阳县。完全不知道以后何去何从，所以赵其国下放的时候感觉是灰溜溜的。想不到工作这么多年，突然全家被下放到农村，好像犯了错误被流放一样。当时赵其国的儿子刚上初中，女儿还在上小学。下放以后，女儿在南园大队小学读书，儿子就在王集中学继续上学。

赵其国住的地方叫南园大队路西生产小队，距离王集公社有十多里路，虽然算是城市边缘的一个乡村，但生活很艰苦。这个生产小队人口不多，好像就十来户人家，粮食很紧张，十年九涝，地里收不到粮食，很多人都吃不饱。碰到灾年，雨下得比较频繁的话，粮食打不下来，要么收获后堆在那里晒不干，他们就得吃发霉变质的米。每家门口有一块小园地可以种点菜，冬天腌一缸咸菜，条件好一点的人家还会腌咸黄豆，当地人叫咸豆子，味道比豆酱差一点，但还可以。

这里的庄稼长不好，是因为地处洪泽湖边，水利基础建设很差，几乎年年发大水，一下雨，水就排不出去，把庄稼都淹掉了。所以，河道清淤工作几乎每年冬天都要做，以防止河道淤积造成排水不畅。冬闲的时候，当地就把农民集中起来去清理河道，当地叫扒河，其实就是挖河里的淤泥，并将其挑到河岸上堆成堤坎，所以也叫挑河或者上河工。赵其国这些下放的人也都被派去扒河，每家至少要出1个人，不出人是不行的。赵其国在农村参加的最繁重的劳动就是扒河，每次都要到离自己住的大队七八公里的工地，步行要走一个多小时，背着铁锹，推着独轮车，很多人一路浩浩荡荡地走，场面颇为壮观。

上河工一去就是一个星期，下放期间大家住在窝棚里，类似于简易防震棚。吃饭主要是吃山芋干，因为当地山芋比较多，是一种耐荒的作物，收获后将其切片晒干，就成了山芋干。大家整天吃煮山芋干，没有大米和面粉供应，因为大米都是凭票证分配的。泗阳当时是国家级贫困县，工地上根本看不到一粒米。赵其国饿得没办法，用一个大搪瓷碗，一顿要吃两大碗，还干巴巴地吃，吃了以后，再吃一点儿咸菜，家里也没有多少咸菜可以带到工地上。赵其国下放的时候，带了两样东西——一坛子榨菜和一铁箱子挂面，挂面是带给老岳父吃的，因为他当时 70 岁了，牙不太好，其他东西吃不了，只能吃一点儿挂面。赵其国和妻子、孩子平常也是天天吃山芋干，或者将山芋干磨成粉，煮成稀饭一样的糊糊吃。赵其国在野外考察的时候，有一次检查身体时发现缺钾，医生说最好多吃点儿榨菜补补钾，其他也没有什么特别的营养品，所以下放的时候就买了一坛子榨菜带着，吃了 3 个多月时间。扒河的时候，赵其国就用一个小罐子装一点儿榨菜，有时就吃一点儿，算是补品，其他的就跟着大家一起吃，前后有两三个月的时间。

家里两个孩子，一个读初中，一个念小学，早晨起来就背着粪筐去拾牛粪，叫作积肥，算工分。因为当年农村肥料奇缺，所以每家都要交动物粪便，队里的会计负责每天记录各家上交的肥料数量，假如牛粪都不拾，什么也不交，生产队开会的时候就会点名批评、挂红牌。两个在城里长大的孩子，年龄还那么小，每天早晨起来就要到田埂上捡牛粪交账，当地农村的孩子也有拾粪的，但不多，家里大人在田间劳作时就顺便完成任务了。刘畹兰身体比较弱，还要照顾年迈的父亲，不宜出远门、上河工，一般就参加队里的一些劳动，割割草或者收收玉米等。赵其国扒河不在家时，有几次刮风下雨，家里漏得一塌糊涂，只好用油布先遮一遮再说。吃水一般是井水，几户人家共用一眼井，离家还有一段距离，赵其国在家就自己挑水，不在家时就由两个孩子抬水。从井里打水既是个技术活儿，又是个力气活儿，不会打水的人常常是只见桶在井里晃，难把水打上来。两个小家伙，哥哥的力气大一点，每次负责摇辘轳把井水打上来，但打水的木桶到了井口拎不动，在井边上洗衣服、洗菜的邻居就帮着提上来。家里有个储水的小水缸，也是从南京带到泗阳去的，包括马桶也是一起带到泗阳的。

虽然生活艰苦，但因为身体素质好、有力气，而且工资能按月领取，所以总的来说生活还算过得去。在这里，精神上也比较放松，整天的体力劳动让人睡觉很香。更加幸运的是，赵其国等人下放 8 个月以后，中央政府为了帮助下放干部在农村安家落户，发放了一笔安家费给各家下放户建房子，地方上还特地划拨了建房用的木料和砖。因为泗阳经常闹水灾，每年夏天发大水的时候，经常淹到房子，所以当地人盖房子时，墙基下面至少要先砌五层砖，条件好一点儿的人家就砌七层砖，再在砖上面打上板子用泥巴打土墙。如果下面没有砌砖，水一泡土墙就垮了，赵其国和其他几家下放户都是用五层的砖，上面再打土墙，屋顶盖草，是双层草，在当时算是非常考究的房子了。

盖房子可不容易，在当地算是大事，一般儿子长大要成家才考虑建房，而建房的材料几乎从男孩子出生就要开始准备了，至少先栽上几棵树跟孩子一起长，以备将来盖房子打床用。建房还要垫屋基，当地称作打宅基，为防止房子被水淹倒，就要盖高一点，这就需要堆土，把地面垫高，这都是赵其国自己做的，挑土前前后后就花了1个月时间，才把宅基上的土垫好。砖也要到十几里路远的公社砖厂去运，赵其国用自己的独轮车，一天来回走3趟，有80多里路。后来实在吃不消，就给别人几包烟，请他们帮着运。打墙要推泥，还要推好一点儿的泥，队里面有一块地比较好一点儿，是黏土，这样打出来的墙比较结实、耐泡，推泥的活儿也都是赵其国干。另外，房间里不打墙，要用芦苇或者高粱的秸秆编成的柴笆隔开，一般是用高粱秆，用绳子一根一根打成帘子，是双层的，也都是赵其国自己打。经过几个月的努力，赵其国就在南园大队的路边盖了3间新草房，将中间隔断以后就是一个厅，农村叫堂屋，主要放桌子和柜子，用来存粮食和放其他东西。1间给老人住，另外1间是赵其国夫妻带两个孩子住。名义上叫3间草房，实际是1间草房隔成3间的，厕所和厨房都在旁边另砌，要比正屋矮一些，也小一些。就这样，5家下放户联合起来相互帮忙，终于建起了属于自己的新房子。

新房子虽然在村子的中间位置，但周围也只有六七户人家，前后都是大片的农田。赵其国用断砖和多余的秸秆围了一个小院子，院子外面是一小块自留地，有将近两亩，种过西红柿、茄子、青椒、山芋、花生等蔬菜，以补充粮食的不足。赵其国和妻子都不太会种，后来就由隔壁邻居帮着种，收获的菜一部分分给邻居，一部分自己留着腌咸菜。当时赵其国家养过一群鸡，还养过一只黑色的狗，赵其国和孩子们管它叫"黑子"，后来离开泗阳的时候没有将它带回南京，送给了村子里一户条件比较好的人家。至于那一群鸡，因为养得太好，一个个看上去威武健壮，很漂亮，到过年的时候家里谁也舍不得杀了吃。

朱兆良一家住在离赵其国家不远的地方，也在南园大队，因为房子都是请队里的人帮忙盖的，所以生产队盖好赵其国家的房子，接着又帮他家盖，都是由生产队长牵头办的。

搬到新房子里，生活总算比较安定了一点。虽然生活还是很艰苦，但毕竟每月工资按时发放，所以日子总算过得去，与当地人相比还是要好不少。赵其国有时候也会去买一点儿肉，一般是赶集的时候。当地赶集分红集和白集，白集卖的东西少，主要是生产工具和较大的生活用具；红集5天一次，一般是每个月逢五或十的这一天，逢到红集时各种生活用品都有卖的，往往人比较多，最热闹。赶集时，赵其国背一个比较大的帆布包，到集上去买肉及各种生活必需品。买一次肉回来，家里要吃一个星期，孩子正在长身体，要吃肉，大人少吃一点儿没问题，孩子们正处于身体发育期，只要条件允许，赵其国都会让他们吃得好一点。

那时赵其国和朱兆良这两家，当地人管他们叫下放干部，下放干部在他们眼里就是"财主"。当时赵其国与妻子每个月的工资加在一起有130元钱，对当地人来说，那简直是一个天文数字，一般人家运气好的话一年也就收入几十元钱。生产队的牛棚不知什么原因烧了一把火，全部的牛被烧死了，当时这可是生产队唯一的资产，这是一次重大的经济损失。牛是重要的生产资料，生产队还指望这些牛拉犁、拉磨、拉车，这一下牛都死了，队长看着赵其国直掉眼泪。赵其国跟妻子商量后，为了帮助生产队渡过难关，借了300元钱给生产队，让他们买了几头牛。这笔钱在当时可了不得，当地人知道以后，感激得不得了，表示一定要还，但后来赵其国一家很快回南京了，生产队没有还，他也没去追究。当时赵其国也是咬紧牙关才拿出这笔钱的，这还是因为刚从古巴回来攒了这么一点儿，家里也只剩下这300多元钱，一旦工资不能及时发放，全家人就要断炊了。

自那以后，大队和生产队的干部对赵其国等下放干部就另眼相看了，无论在生活上还是开会学习等，都相对比较照顾。不到半年，公社里开始搞"一打三反"运动，大队就把赵其国这个共产党员、知识分子借调到公社去搞培训，指导各大队的"一打三反"运动。王集公社成立了一个工作组，赵其国是其中一个分队的队长，就分在南园大队旁边的一个大队。主要的工作就是组织当地的干部开会，讲"一打三反"运动的意义，要求他们面对群众，不要欺骗群众，要遵守纪律，不要贪污浪费。

作为队长，赵其国经常要到各生产队去巡视，一个大队分成好多小队，今天在这个小队，明天在那个小队，基本上不能回家。农村的交通工具就是两条腿，没有汽车，也没有自行车。如果要买一辆自行车，还要弄一张自行车供应票。赵其国找公社的人好不容易弄到一张票，买了一辆加重的自行车，这也是当时家里最值钱的家当了，那时有辆自行车比现在有辆小汽车还要气派。家里完全靠刘畹兰支撑着，上有老下有小，除了到生产队参加劳动，家里还有一大堆家务活儿。女儿就在离家不远的南园大队小学读书，上学放学一帮孩子一起走；儿子在王集中学读书，离家比较远，中午回来不方便，一般都是自己带饭，早出晚归。王集中学离公社社部不远，社部有个食堂，赵其国与宣传队的其他人有时也在那里吃饭，尤其是集中开会学习期间，中午都提供午饭。有时菜比较丰富，有点儿像肉片、肉圆的荤菜，他都要省下一部分，喊离得不远的儿子过来打打牙祭。

当年从南京下放到王集公社的可能有十几户人家，从南京土壤研究所下去的就有5家，很自然的5家人就形成了一个小的团体。虽然分散在不同的生产队，但相距不是太远，5家人经常聚在一起，无论大事小事都会相互交流，遇到困难大家有力的出力，有钱的出钱。生活再艰苦，同事之间的帮助也是责无旁贷的。朱兆良本来有一个女儿，下放期间又生了一个女儿。刘芷宇在另外一个公社，离婚以后自己带着一个儿子，也是很艰苦的，几十块钱工资养活两个人。王集公社的集市比较大，几家人就以王集公社社部为中心，赶集的时候碰碰头，互相交流一下。

几家之中，无论男女，就数赵其国力气大，当时他40多岁，正值壮年，而且一年到头在野外跑，身体比较结实。到农村，干什么事情也不需要动脑，有力气才行。像一开始扒河、打柴火等，没有力气完全干不了。当时遇到的生活上比较困难的事情就是烧火做饭，农村都是用土灶烧柴火烧饭，而下放人员是用煤烧饭，在那里是买不到蜂窝煤球的，只能买到煤粉，需要把买来的煤粉制成蜂窝煤球，这个工作是每家都要做的，而且劳动强度很大，需要有强壮的劳动力。当时5家采取互助的方式，每家出一个能干重活的人，组成一个小组，轮流给各家做一定量的煤球，一般一次都要做 100 个以上。

赵其国特地买了一个做蜂窝煤的工具，就是一个铁制的模子，是从泗阳城里买回来的，骑自行车要走三十多里路。做煤球的时候，先要把煤块打碎，或者直接买煤粉，再加上一定比例的泥土，这也是一门学问，煤多了好烧，但容易坏；土多了火不好，烧不起来。经过一段时间的摸索，赵其国已能熟练地将煤与土按照一定的比例和好，和好了以后做成蜂窝煤，码成一堆一堆的，很漂亮。后来基本上这个活儿都是赵其国干，他带着做蜂窝煤的模子，到另外几家去，不要工钱，只需包吃。做一次，够各家烧一两个月的，大家互相帮助，把烧火做饭的问题解决了。

然而，吃饭也是一个大问题，刚好在宣传队的时候赵其国认识一个县粮食局的人，通过他到县里粮库买一点儿陈年的、过期的稻谷。这些稻谷并不是因为不好而不让卖，而是都要凭证凭票供应，只有城市户口才有粮本。赵其国这些下放户是没有粮本的，但这些陈年的稻谷，说坏也没坏，只是吃起来口感差一点儿，但很便宜。凭公社开的证明，赵其国和其他几家一起，一家就买一两百斤，再打成大米。打牙祭的话，除了赶集给小孩子买一点儿肉吃，大人都省着一点儿，在家不舍得吃。但赵其国在参加公社宣传队的时候，在其他大队巡视，晚上经常会聚餐，这时候就放开肚皮吃，当然跟现在不能比。有的方便携带的，赵其国还要把自己的那份省下来，用饭盒装好，等回家时带给老人和孩子们吃。

二、担任考察队队长

黑龙江省荒地资源考察任务是南京土壤研究所在 20 世纪 70 年代初进行橡胶宜林地调查之后接受的又一项国家级重大任务，时任南京土壤研究所党委书记沈现伦极为重视，紧急抽调下放泗阳的赵其国回所，由他带队并组织有关人员成立了黑龙江荒地考察队。

1973 年春节过后，赵其国已经下放 3 年，赵其国就想是不是还有点儿希望回南京。所里面一些同志还没被下放，给赵其国写信，说要赵其国做好准备，有可能要把他们下放的几个人调回来。但是就在这个时候，淮阴和泗阳有好几个单位在招人，其中有一个是劳改农场，有一个是军垦农场，还有一个比较好的是酒厂。上面找到他们这些下放干部填表，看当时的情形不填也不行，赵其国心想看来只能去劳改农场了，已经做好思想准备调往劳改农场工作。因为别人谈得很好，说如果到农场工作，首先给一套草房子，另外生活上也会安排，小孩上学也会安排等。就在这个节骨眼上，南京土壤研究所通知县里，让赵其国马上回南京，到中国科学院南京分院报到，之后参加所里组织的黑龙江荒地考察队。

赵其国回来的时候，老书记才刚刚恢复工作没几个月。但当时南京土壤研究所又面临是否迁往农村的问题，因为农业方面的科研院所要建到农村去。对此，大家都非常着急，面对这种情况人心惶惶的。赵其国刚回到所里时，各方面条件都很差，根本没有自己的房子，基本上是两家人住在一套五六十平方米的房子里。出来之前，赵其国家是住一套小房子，但现在只能合住，非常不方便，用水、上卫生间都要排队，也没有什么隐私。

生活条件是次要的，重要的是工作有待重新安排。赵其国回到了南京土壤研究所地理室工作，但是他调回南京以后，下面其他人都没有变动，他是第一个被调上来的，下面整天人心惶惶。赵其国就想办法把他们也调回来，因为大家都是一起吃苦的，可以说是共患难，都面临着同样的命运，结果陆陆续续地大家都调回来了，这个工作前后花了有个把月的时间。

不久之后，中国科学院下发通知，要求马上组织人员到黑龙江进行荒地考察，因为国家要向黑龙江的荒地"进军"，争取在几年内从东北黑土地上收获 100 亿斤①粮食。对于这项任务，中国科学院责无旁贷，随即组织相关的研究所，包括农业、水利、土壤等各单位，全力以赴，为国家所求，为国家所需，贡献自己的力量。

1973 年 4 月初，赵其国在南京土壤研究所正式上班，为把其他人调回来，又花了个把月时间。为了切实响应国家号召，向北大荒要粮，5 月，南京土壤研究所决定，任命赵其国为黑龙江荒地考察队队长，组织一支 20人左右、业务素质过硬的队伍赶赴哈尔滨，参加中国科学院与黑龙江省共

---

① 1 斤=500 克。

同组织的综合考察队（共有 300 多人），进行黑龙江省荒地资源考察。

因为在古巴期间的工作比较出色，赵其国在国外已经是知名专家了。回国以后，他晋升为副研究员，这在当时是一件很隆重的事情，当年南京土壤研究所有 8 个人晋升，并且公开刊登在《南京日报》上。南京土壤研究所决定任命赵其国为考察队队长，由他来组织黑龙江荒地考察的队伍，并按他的要求，另配一个政治上带队的担任考察队副队长。经过研究，所里派了一位党委副书记担任政治带队的副队长。同时，考察队员也由所里统一选拔，确保政治上、业务上都比较可靠，能够做好工作。考察队的几名党员组成一个临时党小组，党委副书记担任组长，赵其国担任副组长。由赵其国担任考察队队长，负责具体考察任务的计划、分配和具体实施。除赵其国外，整个考察队首批一共组织了所里面 18 个人①，这已经是当时南京土壤研究所能动员参加野外考察的绝大部分骨干力量。

1977 年 11 月 8 日，赵其国（前排中）与黑龙江荒地考察队牡丹江支队队员合影

---

① 根据赵其国回忆，1974 年 6 月参加黑龙江黑河地区考察的人员有：赵其国、王明珠、陆长青、熊国炎、胡万祥、刘发、何同康、徐琪、张同亮、蔡茂德、金厚玉、仇继才、李仲林、姚玉成、朱洪官、诸金梅、张维新、魏正仓、刘兆礼，共计 19 人。此后根据工作情况，人员略有增减，但主要参与者变化不大。

当时黑龙江省农林厅、国土厅的人全下放了,国务院发通知把这批人调回来,由黑龙江省委书记带队,副省长担任副队长,加上全国各地、各单位来的人一起,组成了一支浩浩荡荡荒的资源考察队伍。

> 考察工作实行多学科大协作,专业队伍和群众运动相结合。参加考察的有中国科学院北京地理研究所、中国科学院自然资源综合考察组、中国科学院南京土壤研究所、吉林省地理研究所、内蒙古大学、省科委、省土地利用管理局、省农场总局、省土地勘测队、省农业科学院、省林业科学院、省水利勘测设计院、省水利研究所、省畜牧研究所、省气象所、省博物馆、东北农学院、哈尔滨师范学等十八个单位二十多个学科和地、县(旗)有关单位和人员。①

调查的面积有 80 万平方公里,能够种植粮食的、无霜期在 160 天左右甚至是 90 天的地方,都要利用起来。整个荒地资源考察工作结束以后,部队就要根据最后的总结报告和建议选址建设军垦农场。

赵其国带着南京土壤研究所的考察队伍,加上中国科学院其他 6 个所赶来的科技人员,一共 300 多人,再加上黑龙江省抽调的农业厅、国土厅、财政厅的人员,总共有 1200 多人,分成 4 个小分队,赵其国担任西部分队的队长。在黑龙江开展野外调查工作很艰苦,整个调查前后持续了 6 年才完成。每年 5 月 1 日乘坐火车到达黑龙江考察,因为那里的冻土层有 70—100 厘米厚,要等到化冻以后才能够挖土取样。到 10 月中旬,土地就上冻了,赵其国他们再乘坐火车回来,每年要在那边连续工作 7 个月左右。

> 在这连续 6 年的时间里,这支队伍每年均有整整半年多时间,在广阔的北大荒,乘坐由木排搭制的爬犁,忍受蠓虫、蚊子等的追咬。穿越于崇山峻岭、茫茫林海之中,并长期坚持进行荒地资源的土壤考察,像候鸟一样地夏去冬回。②

赵其国带领队伍,大家就这样一直坚持着,当然队伍里的人每年都有替换,新的业务能力强的人慢慢顶上来,调查工作才得以顺利完成。经过 6 年的努力,考察队最后选定了 4000 万亩可开垦荒的土地。

---

① 黑龙江省荒地资源考察协作办公室.1978.黑龙江省荒地资源考察报告:前言.
② 中国科学院南京土壤研究所.2003.中国科学院南京土壤研究所发展历程:114.

1977 年 11 月，赵其国（左二）在黑龙江进行荒地考察时与同事一起研究工作

三、全面考察黑土地

黑龙江省为每个分队都配了省委常委担任队长，赵其国所在的分队是省委书记杨易辰带领的，规格非常高。他们首先调查的是嫩江地区，这个地区后来是东北地区粮食基地搞得最好的，因为这里水质好，水源比较稳定，灌溉不存在问题。这里的土壤是草甸类型而非沼泽类型的，比较容易开发。三江平原则不然，其沼泽比较多，有的地方表面看上去可以走，但往往人一踩上去就往下陷，人掉下去都爬不出来。当地人很有经验，把 4 根很大的红松木捆在一起做成雪橇，东北人叫爬犁，在上面铺上木板，再在木板上面支帐篷，用"斯大林 100 号"拖拉机拖着走。一般一辆拖拉机可以拖两个大雪橇，考察队员称其为"水上拖拉机"，一个小队一二十个人，加上设备等，就用这个拖拉机拖行。考察队携带路线图，指挥拖拉机如何行进。到达测量点，考察队就会停下来，按照方格图纸，就像赵其国在古巴考察时那样，穿着高筒胶鞋下去，进行打钻、采土样和水样。研究这个土肥不肥、干不干、湿不湿，在图纸上做记录，每天重复做着这些事情。

第一年在黑龙江东部地区，第二年在黑河，第三年在黑河的南部，即大兴安岭地区，第四年在中部地区，即小兴安岭地区，最后两年在东部地区，包括牡丹江、松花江和三江平原，几乎把黑龙江全省都跑遍了。当时黑龙江的农业区域很小，天气寒冷，无霜期短，很多地方都是草甸子。七八月的时候，一望无边的大草甸子，一眼看过去表面上是实的，其实底下全是水。过去，草甸子长期没有人利用，只长有少量的树，大部分是灌木、芦苇及各种草，水底是很厚的腐烂植物，称为腐殖层，再下面就是黑土，考察队员如果不穿高筒胶鞋根本没法行走。当地老百姓赤脚就能走，但外地人不行。

受地理位置和气候，特别是地形的影响，纬度地带性、海陆分布和垂直地带性交错在一起，黑龙江省的土壤分布较为复杂。以大兴安岭为界，其东为大兴安岭—小兴安岭—长白山北段，构成一个向南开放的马蹄形。山体发育了森林土壤，由山体向松嫩平原依次出现黑土与黑钙土，至西南部的杜蒙、太来和扎旗南部一带，发育了栗钙土。大兴安岭以西，大兴安岭—黑山头—满洲里，构成了一个弓形。土壤由东北向西南的演替规律是灰色森林土—黑钙土（淋溶黑钙土—普通黑钙土—少腐殖黑钙土）—栗钙土（暗栗钙土—普通栗钙土）。三江平原（包括穆棱河—兴凯湖平原），在特定的地形与水文地质条件下，发育了大面积的沼泽土。其他一些非地带性土壤（如草甸土、沼泽土、盐碱土和砂土等）呈斑状或树枝状镶嵌于地带性土壤之间。

1976 年 10 月，赵其国主编的报告《黑龙江省黑河地区土壤资源及其利用》

依据区分出来的宜农荒地，划分出以下四种荒地类型。

一类荒地是指土壤自然肥力和有效肥力均高、不加措施即可开垦的荒地。这类荒地热量适宜，水分适中，黑土层深厚，不砂不黏，透水性良好。在生产上的表现是易于深翻，作物发苗正常，产量稳定。地形一般有两种：一种是漫岗边坡或高阶地，坡度一般为 1°—2°；另一种是平坦的河谷阶地。黑土植被是草甸群落，由数十种豆科及禾本科杂类草草甸组成，每逢开花盛期，色彩缤纷、鲜艳夺目，群众称为"五花草塘"。此外，榛柴灌丛草甸也是黑土植被类型之一。土壤一般为黑土、草甸黑钙土、黑钙土。这类荒地一般无低产因素影响，无须排水，但土壤持水性强，偏酸性，磷素低（仅 0.2%—0.4%），因此在耕作中，应注意伏翻或秋翻晒垡，耕作 3—5 年后，逐渐施用磷肥与绿肥，以不断提高地力，建设高产稳产的基本农田。

二类荒地是指土壤自然肥力与有效肥力稍低、稍加措施即可开垦利用的荒地。这类荒地有两种：一种是位于丘陵边坡及漫岗上部的薄层黑土，黑土层一般厚 20 厘米，植被为榛柴灌丛，热量较高，排水较好，比较燥热，质地较轻，作物发苗虽快，但肥力易于减退，产量不甚稳定，须采取保土保肥措施，不断提高地力；另一种是位于漫岗荒坡及河谷阶地的荒地，土壤为沼泽化黑土、黏质草甸土或盐化草甸黑钙土，植被为杂类草灌丛草甸，质地黏重，排水不良，有冷浆、过湿现象，黑土层一般仅厚 20 厘米，有根系盘结层，肥效较慢，一般需开沟排水深耕晒垡，反复耕耙，重施磷肥以调剂地力，提高质量建设基本农田。

三类荒地是指土壤自然肥力较高，但有效肥力较低、要大加措施方可开垦的荒地。地形为漫岗下部的低河漫滩阶地，部分位于岗坡上部。植被以杂类草、苔草沼泽草甸、苔草水地榆草甸及草甸化沼泽为主，高坡为由艾菊、针茅等所组成的草甸草原。土壤为沼泽化黑土、砂质草甸土、砾质草甸土、砾质黑土及白浆土，黑土层一般厚 30—40 厘米。分布在谷地的沼泽化黑土，排水不畅，常遭受洪水威胁，而少数分布在高坡地上的砾质黑土，土层不够深厚，侵蚀较重，自然肥力较易减退。

四类荒地是指土壤自然肥力甚高，但有效肥力极低、难于开垦、开垦前后须排水，甚至须进行河流的全面治理的荒地。这类荒地主要是沼泽地，地形是低河漫滩的河谷洼地。这类土壤的植被为苔草小叶樟沼泽化草甸，群众称"塔头墩子"或"漫塔子",因而也称这种土壤为"塔头地"或"漫塔头地",由于地形低洼,多为常年或季节性积水。土壤为沼泽土或泥炭沼泽土,黑土层一般可达40厘米,有机质含量可达15%以上。这类荒地在修筑防洪排涝工程与采取合理耕作措施的条件下,有可能建设成为排灌结合的方田、条田,并有可能逐步成为较一、二、三类荒地更为良好的基本农田。

黑龙江全省67%的荒地是三、四类荒地,均属甸子地和低平原沼泽地类型。这些荒地土壤潜在肥力高,黑土层深厚,水利条件好,开垦后,增产潜力很大,可以建成高产稳产的基本农田。荒地资源主要集中在边远地区,全省有86%的荒地分布在三江平原、呼伦贝尔盟、大兴安岭、黑河地区,内地甚少有分布。这种分布情况决定了未来垦荒的布局,重点是在边远地区。这些地区自然条件好,土壤肥沃,荒地规模甚大,地势平坦开阔,适于机械化作业,可以建立大型国营农场。开发这些荒地资源,对于繁荣边疆、建设边疆、巩固国防具有重大的政治意义和经济意义。

考察的时候,"斯大林100号"拖拉机在前面拖,人坐在爬犁上面,一个星期甚至10天都有可能看不到一个人,确实荒凉。有时会看到几只野山羊,但更多的时候遇到的是狍子。

1977年夏天,赵其国(右一)与考察队一起在黑龙江进行野外荒地考察

野外有很多蚊子，一种个头比较大，当地人叫牛蚊子、牛虻、飞虻；一种个头很小，叫作蠓，能钻到人的衣服里面，戴纱帽都抵挡不住，咬的人身上到处是红点。当然，外出少不了要戴着纱帽，穿着防蚊袜和高筒胶鞋，全副武装，但吃饭、喝水时，总是会被蚊子攻击。有时候脖子上会被叮得起一大串的包，又疼又痒，一出去一两个星期，回来以后，人都不像样子，十分辛苦。等到县城里休整的时候，才可以到县里的医院找一些消炎药涂抹患处，过一段时间就能恢复了，这样的生活持续了很多年。

考察队到达县城或镇上后，会休整三五天再继续出发。他们途经了许多地方，甚至抵达了中国最北端的漠河。赵其国在漠河考察了一到两周的时间，那里夏季的白昼极长。之后，他们前往虎林，再从虎林到三江平原，赵其国对这些地方的土地进行了全面考察。他从黑龙江省的东部开始，一路向南、向西扩展。每年春天开始工作，直到冬天冰封雪冻无法工作时才返回南京。每次回家，他只有一个月左右的时间处理其他事务，但主要的精力和时间都投入在北方的工作中，这样的生活一直持续到1978年。

在黑龙江，考察队考察了3400多万亩土地，这些土地后来逐步得到开垦，以每亩地300—400斤的单产计算，虽然只生产一季，但加起来也有约120亿斤粮食。后来，赵其国又去了几次黑龙江，每次去，他都十分感慨，说来这里参加会议，是带着感情来的，因为在这片黑土地上他付出了自己6年的青春。直到现在，都可以在黑龙江省的一些军垦农场查到赵其国当年工作的原始材料。黑龙江省成为我国重要的粮仓之一，成为国家重要的商品粮基地，与当时的考察，国家在这里投入的人力、物力和财力是分不开的，与赵其国这一代人的青春奉献也是分不开的。

四、参加全国科学大会

1978年全国科学大会的召开是当时整个国家形势发展的一个必然，特别是邓小平同志主持工作以后，提出改革开放的政策，成为很重要的国家发展的新起点。当时，赵其国和考察队在黑龙江的荒地考察工作告一段落，取得了一定的成绩，得到了国家、省里及其他各方面的重视，觉得这个工作成果来之不易，所以就确定南京土壤研究所派人参加全国科学大会。因为赵其国在黑龙江荒地考察中做了比较多的工作，又担任考察队队长，所以南京土壤研究所决定由李庆逵和赵其国代表研究所参加全国科学大会。

1978年3月18日，中共中央、国务院在北京隆重召开了全国科学大会，在有6000人参加的大会开幕式上，中共中央副主席、国务院副总理邓小平发表重要讲话，号召"树雄心，立大志，向科学技术现代化进军"。会上从积极的方面肯定了大家在科学研究方面的贡献，先进集体和先进科技工作者受到了表彰。与会期间，赵其国觉得参加会议的代表都很兴奋。会上一共听了好几个报告，有国家科学技术委员会的，也有中国科学院的。中国科学院的报告，还有好多知名人士来参加，赵其国记得郭沫若是其中一位。他写的《科学的春天》，在全国引起了很大的反响。听取报告后，代表们进行了分组讨论。会议期间，代表们在北京饭店吃住，各方面接待都非常周到。

这是赵其国第一次进入人民大会堂，感到非常兴奋。召开全国科学大会，是一件鼓舞人心的大事。这让赵其国等人感到国家的科学研究事业大有前途，像赵其国这代人已年过半百，还有机会为国家的科技事业做出贡献，这让他们感觉非常兴奋。会议期间，大家脸上笑容绽放，坚信"科学的春天"到来了。

会议结束之后，赵其国兴奋得几个晚上都睡不好，跟李庆逵商量以后，把所里来北京出差的几位同志召集起来，将参加会议获得的信息，包括国家领导人和国家科学技术委员会领导的讲话、中国科学院的报告，及时传达给他们。大家听后都非常振奋，决定回去之后一定要齐心协力推动土壤科学事业不断向前发展。

当时赵其国的想法还是比较超前的，而且在黑龙江做了这么多年的野外考察工作，他觉得自己不能只谈辛苦，还要谈前景、展望、发展。全国科学大会持续开了两个星期，赵其国从北京回来以后，江苏省传达了全国科学大会的会议精神，在大会上还向考察队颁发了一张奖状。加上中国科学院、黑龙江省及南京土壤研究所的多次表彰，他们共获得好几个奖状。赵其国觉得这是"科学的春天"在自己身上的具体体现，对今后的工作有很大的促进作用。

1978 年 12 月，赵其国被南京土壤研究所评为年度先进工作者

在全国科学大会上，中国科学院确定的办院方针是"侧重基础、侧重提高，为国民经济和国防建设服务"。1978 年 11 月，南京土壤研究所根据中国科学院提出的办院方针，召开了"五定"座谈会，即定方向、定课题、定人员、定设备和定制度。这次会议根据新时期总任务的要求，提出南京土壤研究所科研工作要由慢（成果产生速度慢）、小（研究课题小而散）、浅（深层次的研究少）改为快（加快出成果）、大（争取重大任务）、深（开展深层次的研究）。为了更好地发展学科分支和争取国家任务，1979年 4 月，中国科学院批复南京土壤研究所新增 6 个研究室（组），分别是土壤电化学研究室、土壤地球化学研究室、水稻土生态研究组、土壤实验技术研究室、图书情报研究室和编译出版室[①]。

可以说，全国科学大会召开以后，南京土壤研究所进入了改革开放的新的历史时期，对研究机制和人员进行了有机的调整与整合，经历改革阵痛后，重新步入正轨，科研人员的工作积极性被极大地调动了起来。

---

① 中国科学院南京土壤研究所. 2003. 中国科学院南京土壤研究所发展历程：15.

五、赴罗马尼亚考察

1979 年 8 月，应罗马尼亚科学院邀请，南京土壤研究所派赵其国与文启孝两人赴布加勒斯特参加罗马尼亚青年科技大会，在会上代表南京土壤研究所做科学报告，并表示对大会的祝贺。罗马尼亚相当重视这次会议，邀请了不少国家的代表与会，中国科学院派了南京土壤研究所、物理研究所和数学研究所等几家单位参加，罗马尼亚时任总统齐奥塞斯库亲自主持会议开幕式。

赵其国与文启孝一同前往，赵其国担任团长。南京土壤研究所非常重视这次会议，熊毅和李庆逵商议后决定，要安排人在罗马尼亚青年科技大会上做一个工作交流的报告，因为要用英文做，所以就让赵其国来担任报告人。报告内容既要包含业务内容，又要具有政治意义，还要讲罗方的成就，所以这个报告更像是一个政治报告，而不仅仅是业务交流。

做报告需要准备幻灯片，但那时还没有电脑，所以就请图书馆的沈国安帮忙做。赵其国先把中文稿写好，然后将其翻译成英文，再由熊毅与李庆逵亲自修改。在去罗马尼亚前的一个星期，赵其国就开始练习，包括单词的发音和语速。练了几遍以后，他把各个研究室的主任都请来，在南京土壤研究所的小礼堂中，赵其国给他们演练。大家听了以后提出意见，赵其国再重新修改、重新练习、重新讲，赵其国记得那一个星期就讲了三次。

为了去罗马尼亚参会，赵其国还特地做了一套西装，打了领带。因为赵其国觉得这次出国代表的不是个人，而是代表一个集体，甚至代表中国科学院，责任重大，所以对报告中的每个字、每句话，都进行了反复练习。白天在所里练习，早晨在家也要练习。

当时有 200 多人参加了罗马尼亚青年科技大会，会议很隆重，赵其国的报告做得很成功，报告结束后还有人给他献了花。

罗马尼亚虽然当时比较贫困，还处于发展起步阶段，但是环境特别好。罗方专门给与会代表安排了一条船，沿着多瑙河一直到了南斯拉夫边界，游览了 3 天。这是赵其国从古巴回来之后第一次出国，所以印象十分深刻，后来每年罗马尼亚科学院都会给赵其国寄明信片。

1979 年，赵其国（左二）、文启孝（右一）在参加罗马尼亚青年科技大会期间
进行野外考察时与同行的外国专家合影

回国以后，正值全国区域治理重新规划之际，国家启动了一个全国区域治理规划的研究项目，将南方的省份放在一起做一个整体的南方经济区域规划考察，其中土壤考察的任务就交给了南京土壤研究所，赵其国带队负责南方的野外考察。博罗县在整个广东至广西东南部最具代表性，它是一个花岗岩盆地，而且开垦、开发的时间比较早，是广东省当时的粮食和农业生产基地。博罗县的开发潜力很大，有进一步开发的需要，但是也存在不少问题，所以广东省希望赵其国首先到博罗县去考察。

当时广东省安排参加考察活动的有 1000 多人，赵其国从南京土壤研究所带来 10 多个人，外加广东省土壤研究所的 30 多人，加起来接近 50 人，就在博罗县进行考察。当时条件很艰苦，县城里没有大旅社、招待所，更没有宾馆，正好是学校放暑假的时候，县里面就安排考察队住在一所中学里，再安排一个厨师和几个人负责大家的餐饮事宜。广东省土壤研究所派了 5 辆汽车，大家就顶着暑热开始工作，从博罗县一直考察到接近汕头。

当地山丘多，每天都要翻山越岭，赵其国一共爬上过 4 个山头，每个山头他都爬到顶上，最高的山海拔有 1300 多米。他们每天都是早出晚归,工作内容包括制图、规划、考察、取样和室内分析,调查内容不仅包括农业问题,还包括其他情况。当时考察经费很少,总共不到 10 万元,这么多人的吃用,以及一些分析化验的仪器设备,甚至小型的实验室,都需要搬到那里。很多东西都是从广东省土壤研究所运过去的,南京土壤研究所去的人,主要花费是人头费,但是那点经费根本不够用。有时伙食上就靠当地补贴,县里面经常给考察队提供食物,如猪肉、羊肉、大米等。工作告一段落的时候,还会请考察队队员到县城里改善伙食。

考察队最后形成了一份二三十万字的报告,这份报告后来作为整个广东省农业规划的范本,在广东省的 10 个县进行了推广,而且在广东省做完以后,云南省、贵州省也按照这个模式进行了考察。这项工作前后持续了四五年时间,赵其国只参加了前两年的考察工作,因为后来所里让他担任所长助理,他需要协助所长处理一些行政管理方面的工作。

第七章　攻关黄淮海平原

　　中华人民共和国成立以来，党和政府十分重视黄淮海平原的区域综合治理工作，南京土壤研究所的熊毅在 20 世纪五六十年代就已经在黄淮海有效地开展了盐碱地的治理工作。到 80 年代初，国家粮食生产长期徘徊不前，中国科学院又提出攻关黄淮海低产田，赵其国是最早参与策划并实际参加封丘低产田改造万亩示范方的组织领导者之一。他提出"把办公室搬到封丘"，并且每年在当地工作 7 个月时间。在他的带领下，封丘成为黄淮海低产田改造的一个重要典型，封丘经验得到推广，为国家增产粮食两亿斤。

一、担任南京土壤研究所所长

　　赵其国在 1983—1995 年担任南京土壤研究所所长，1983 年以前，赵其国已经担任了两年的所长助理。当时，所里领导层虽然在"文化大革命"以后做了一些调整，但是领导组织仍然不是很健全，而且在经费配置等方面都面临一些困难。除了李庆逵和熊毅担任所长以外，又从年轻人中提拔了一个副所长兼副书记。

　　在赵其国担任所长的前两年，上级和所里考虑到必须有一个过渡与考察阶段，就先任命赵其国担任所长助理。与赵其国同时担任所长助理的还有另外两人，赵其国主要负责外事接待工作，其他还包括图书情报和资料管理以及一些学术活动安排等方面的工作。在担任所长助理的两年中，赵其国主要负责接待来自苏联、美国和澳大利亚等国的一些与所里原来的老一代有工作关系的科学家，带他们到国内有关地方去考察、游览。特别是一些地理学家来了以后，赵其国就带他们去参观北方的黄土及这些地区的水土保持工作，并且开展一些学术活动。

接待外宾的工作花了赵其国很大一部分精力和时间，因为当时的接待工作要求全程陪同。1981—1983年，赵其国主要是做这些工作，两年后很快就得到任命正式担任所长，原来所里的一位老同志石华担任党委书记。

任命之前，上级对赵其国进行了一段考核过程，前后持续了三四个月，是由中国科学院南京分院组织考核的，并将考核结果上报中国科学院。当时所里有3个候选人参加考核，最后经过上级综合考核，决定由赵其国担任所长。当时还不是所长负责制，是在党委领导下开展工作的，所以很多事情赵其国都是和石华商量着办。当时的领导班子除了赵其国和石华两人外，还有一位副书记、一位分管行政工作的副所长，后来又补充了一位所长助理，一共有5个人，负责安排所里的各项业务工作。

赵其国刚开始担任所长的时候，与全国的大多数科研院所一样，南京土壤研究所也面临很多困难。最突出的问题是组织不健全、经费严重短缺、人才队伍青黄不接。另外，人员搭配也存在一些具体的困难，如工作当中任务不明确、职责不清楚、队伍不稳定。整体来说，当时南京土壤研究所还处于一个过渡发展加自身调整的阶段。当时，组织、工作、任务、人员特别是经费，都特别混乱。上面拨付的经费很少，主要是人头费，所以除了发工资以外，其他的业务经费就少得可怜，只能通过所长向中国科学院争取一些项目经费。

在赵其国担任南京土壤研究所所长之前不久，他才被晋升为研究员。尽管研究所员工超过200人，但高级研究人员为数不多。研究员的职称评审由中国科学院负责，过程严格，赵其国一次答辩即成功，成为所内少数几位研究员之一。在他晋升后，研究员评审工作曾暂停约一年，随后逐渐恢复。赵其国是较早晋升为研究员的一批人之一。由于名额有限，部分老同志未能评上，导致高级研究人员较少。所内助理研究员较多，还有研实习员，类似于现今大学的助教。

赵其国上任后，针对这些问题，主要采取了以下几个措施。

第一，凝聚人心。赵其国认为当时所里人不是太多，但人心涣散，组织建设、思想建设、党内统一认识的问题都亟须加强，所有工作都应围绕有利于南京土壤研究所发展来开展。只有将人员凝聚起来，才能集中力量做好工作。

1993 年 12 月，李庆逵（前排左三）、赵其国（前排左二）
与南京土壤研究所其他领导讨论工作

第二，集中科研资源。当时科研项目很少，南京土壤研究所一年只能拿到一两个课题，很少能拿到三个。同时，每个项目的科研经费也很少，赵其国记得做所长期间拿到的最多的一笔项目经费只有 130 万元。中国科学院每年下拨的事业经费，主要用来发放人员工资、维持简单的基建，其他方面就捉襟见肘了，基础仪器设备添置很少，很多仪器设备（如 X 射线衍射仪、光谱分析仪等）全所也就几台（套）。针对这种情况，赵其国一方面积极向中国科学院争取项目和经费，每次争取到的项目他都会分给团队，自己作为所长 13 年来，从来没有一个课题是属于自己的。另一方面，他采取任务集中、经费集中、重要仪器设备集中的策略，让团队在一个时间段内围绕同一个目标工作。人心齐，泰山移，那些年南京土壤研究所承担了许多国家重大任务，并且都顺利、高效、优质地完成了。

第三，团结领导班子。如果领导班子不团结，人心会更加涣散，从党政团结到所里各种人的团结都至关重要。按照党委领导下的所长责任制，赵其国和石华两个人明确分工。赵其国负责业务，搞课题、筹经费，组织大家完成任务，开会交流学术思想。石华主抓全所的思想政治工作，所里的人事任命、思想建设和组织建设都由他负责。两个人合作默契，书记和所长团结一致，下面的工作就会很好开展，业务副所长和另一位副书记配合得也很好，大家经常一起开会讨论问题。南京土壤研究所是中国科学院当时不到 100 个所当中党政领导工作的先进典型，一直受到中国科学院的表扬。

赵其国不在所里时，石华就全面负责所内事务；石华不在时，或者遇到难题，赵其国也会一起承担。虽然大家分工明确，但都共同分担责任。当时，所内领导班子每个周一早上都要召开例会，除非出差，否则都要参加。会上要分别汇报上一周的工作完成情况和本周的工作安排，然后就出现的问题进行讨论，形成统一的意见后再分工。党委会议是一个月或者半个月召开一次。如果中国科学院有重要的任务安排，赵其国就安排召开紧急会议，马上部署。

担任所长对赵其国的科研工作当然有影响，但是赵其国非常清楚，既然当了所长，就要对整个南京土壤研究所负责，对中国科学院负责。所以，赵其国把科研工作和行政工作分开来做，基本就是三分的时间做业务，七分的时间做管理。管理不好是不行的，他不仅要经常开会，还要经常到下面转，及时解决发现的问题。有时时间安排不开，赵其国就凌晨 4 点起床看自己的实验，这是他从年轻时就养成的习惯。遇到出差，他就只能请别人帮忙。

管理工作千头万绪，如果处理不好，就可能产生不好的影响甚至出大问题，所以很多事情赵其国都必须亲手抓，还不能抓得太紧，该分工的还是要分工。赵其国性格直率，赏罚分明。

当时管理工作难度很大，各方面规章制度缺乏或不健全，即使有，人们执行也不到位。面对这样的情形，赵其国要求自己要先行得正。无论是住房分配还是奖金发放等，都要经领导班子讨论决定后执行。赵其国始终认为，律人首先要自律，不自律是不行的。

二、带队攻关黄淮海低产田

黄淮海平原，即华北平原，主要由黄河、淮河、海河和滦河冲积而成，包括北京、天津、河北、山东、河南、江苏、安徽7个省（直辖市）。黄淮海平原地处暖温带，雨热同期，地势平坦，土层深厚，自然条件比较优越，是我国重要的农业区域之一。据1985年的统计资料，本区农业以种植业为主，粮、棉、油、肉的产量分别占全国总产量的19.4%、56.8%、18%、14.6%，其中小麦产量占全国总产量的40%，玉米占30%。此外，温带水果占全国总产量的40%，是中国重要的农业区之一[①]。由此可以看出，黄淮海平原的农业生产状况和发展速度对全国农业与国民经济发展均有重要的影响。

黄淮海平原中低产田面积较大，长期以来，由于旱涝碱风沙灾害未能得到有效治理，中低产田很多。到20世纪80年代，"黄淮海平原现有耕地3.34亿亩，其中，高产地（亩产350～400 kg）8900万亩，占26.6%，中产地（亩产200～300 kg）11400万亩，占34%，低产地（亩产150～200 kg）13100万亩，占39.2%"[②]。中低产地合计占耕地总数超过70%。主要低产土壤类型有盐碱土、风沙土、旱薄土和砂姜黑土，这些贫瘠的土地是造成当地群众生活贫困的主要原因。然而，因为黄淮海平原是我国政治、经济和文化的中心区域，交通便利、劳动力充足，所以农业生产的发展潜力很大。

20世纪50年代黄淮海平原盐碱荒地原貌
［南京土壤研究所办公室（党委办公室）供图］

---

① 中国农业科学院. 1988. 黄淮海平原治理与农业开发. 北京：中国农业科技出版社：1.

② 赵其国. 1989. 黄淮海平原水土资源特点及节水农业技术. 人民黄河，（5）：8-12.

　　中华人民共和国成立以来,党和政府十分重视黄淮海平原的区域综合治理工作,先后对海河、黄河、淮河进行了大规模整治。20世纪60年代,该区域被列为全国十大农业综合试验区之一,"六五"和"七五"计划期间,又将中低产地区综合治理纳入国家科技攻关计划。经过多部门、多学科的联合攻关,不仅查清了该地区农业自然资源的数量与分布,阐明了旱涝盐碱的成因与发生规律,而且提出了治理中低产田的配套技术,并进行了大面积推广,取得了显著的经济效益。

　　20世纪50年代初期,中国科学院会同有关部门开展了黄淮海平原土壤普查工作,完成了我国专著《华北平原土壤》和《华北平原土壤图集》,阐明了黄淮海平原土壤次生盐渍化的发生原因,并提出了防治途径和根本措施,在指导综合治理旱涝盐碱方面发挥了重要作用。60年代初,中国科学院有关研究所在豫北、鲁西北等地的协作下,完成了当地农业区划和规划工作,此后建立了河南封丘10万亩、山东禹城14万亩井灌排旱涝碱综合治理试验区,在治灾、增产方面取得了显著成绩,产生了重大影响。

　　1965年,南京土壤研究所在河南封丘建立实验站。这个实验站主要围绕黄淮海平原农业开发进行试验,由熊毅主持。1965年,他从巴基斯坦考察回国后,发现黄淮海平原与巴基斯坦的自然条件相似,都是以盐土、碱土为主。巴基斯坦人用井水灌排来治理盐碱土,以消除盐渍危害。熊毅将这个经验带回国,在封丘进行试验。因为盐就在土壤以下两米深,原来用黄河水漫灌时,一下子就把土壤下面的盐带到地面上,铺在土壤表面,形成铺天盖地的一片白。采用"井灌井排"技术能有效地抑制盐碱的发生。熊毅在那里打了5口梅花井,开创了黄淮海平原盐碱土治理的先例,使封丘成为我国当时进行盐碱土土地开发试验的核心实验区[①]。

　　20世纪80年代,中国科学院又建立了河北南皮试验区,同时禹城、封丘实验站对外开放。1982—1985年,我国经济建设开始复兴,中国科学院开始加强农业方面的工作。南京土壤研究所恢复了封丘实验站的工作,重新将其作为试验基地,并投入了一些科技力量,在过去工作的基础

----

　　① 周健民.熊毅教授与我国土壤科学的发展——缅怀熊毅教授//中国科学院南京土壤研究.熊毅文集.北京:科学出版社,2003:4.

上，开始了新的治理模式。1984—1986 年，封丘实验站围绕国家粮食增产的需求，开展了万亩试验区域的项目。一个区一个区、一万亩一万亩地治理和开发，对盐碱地进行改良，同时综合性地治理了盐碱、风沙和贫瘠等问题。

封丘地广而平，采取的是综合治理的办法，通过"井灌井排"技术，修沟修渠，平整土地，采用"以有机肥为主，化肥为辅"的施肥方法，从根本上解决了水、肥、土的问题。南京土壤研究所的科研人员对"井灌井排"技术的性能把握得很好，在 100 亩的范围打一口井，把井水抽上来，再用挖好的沟排水，把盐控制在土壤的一两米以下。就这样，通过十几年的改良，在万亩试验区，粮食产量由亩产 200 斤提高到亩产 600 斤，后来达到亩产 1000—1200 斤的好成绩，改良了 80% 左右的低产土壤的肥力，不仅使封丘的粮食产量大大提高了，而且产量也很稳定。

1985 年以后，我国的粮食生产出现连续徘徊的局面，引起了社会各界的普遍关注。1987 年，中国科学院在调查、分析的基础上，提出了黄淮海平原粮食生产潜力最大的观点，受到国家有关主管部门的高度重视。紧接着，由院领导率领专家组赴冀、鲁、豫、皖有关地区考察，并同四省领导商讨联合进行中低产田改造和农业综合开发。1987 年 10 月，中国科学院准备组织大会战，正好赶上党的十三大在北京召开，赵其国和李振声都是党的十三大代表，两人都在北京参加会议，他们就一起商量怎样开始在黄淮海平原进行大会战，并在会议期间找参加会议的有关国家机关、省市领导汇报相关工作，得到时任国务院副总理田纪云的支持。会后不久，河南省提出把封丘作为基地开展粮棉油综合开发的思路，并联合山东省共同起草文件，向国务院报送请战书。经国务院批准，最终请战书成为河南、河北、山东、江苏、安徽、北京和天津五省二市共同实施农业综合开发的文件，黄淮海平原综合开发作为一个国家行为推开，成为真正的大会战。中国科学院有 20 多个研究所在北京召开了誓师大会，植物生理研究所、遗传研究所、水生生物研究所、遥感应用研究所等与农业研究开发方面相关的机构，全都参加了会议。

20 世纪 80 年代建成的河南封丘潘店万亩丰产方
[南京土壤研究所办公室（党委办公室）供图]

1987 年 12 月，中国科学院在河南新乡黄河宾馆召开动员大会，周光召出席。1988 年 2 月中国科学院协同河南、河北两省，向国务院递交《关于加快河南省黄淮海平原中低产地区综合开发治理的报告》《河北省人民政府、中国科学院关于在沧州地、市开展中低产田开发治理工作的请示》①，并两次召开全院性农业综合开发工作会议，研究和部署黄淮海平原农业综合开发工作计划，成立了院农业项目管理办公室，得到了国家有关部门的支持。1988 年以后，中国科学院共组织 30 个研究所的 600 余名科技人员，投入黄淮海平原农业综合开发主战场。

1988 年，中国科学院将黄淮海平原农业综合开发工作列为重大项目，组织有关研究所投入其中，为实现 20 世纪末增产粮食 500 亿斤、棉花 2000 万担、油料 3000 万担、肉 200 万吨的"5232"工程的宏伟目标做贡献。黄淮海平原豫北、淮北、苏北的农业综合开发工作以南京土壤研究所为牵头单位，中国科学院参加的单位有 9 个，包括生态环境研究中心、兰州沙漠研究所、长沙农业现代化研究所、遗传研究所、武汉水生生物研究所、成都生物研究所、武汉植物研究所、武汉病毒研究所、南京地理与湖泊研究所，参加工作的科技人员有 200 余人。参加豫北地区工作的院外单位有新乡市黄淮海办公室，封丘县、新乡县、延津县、卫辉市和范县人民政府，以及有关科技人员；参加淮北怀远试验区工作的有南京农业大学、蚌埠市农业局，以及怀远县

---

① 陈雪. 2023. 中国科学院黄淮海平原农业工作的演变历程. 科学文化评论，20（5）：38-52.

及鲍集乡的农业技术人员；参加苏北泗洪试验区工作的有泗洪县政府及当地农业技术人员。

豫北、淮北、苏北的农业开发工作以中低产田的综合治理开发为中心，分别建立 6 个不同类型的综合治理开发试验区。各试验区在中国科学院领导和当地政府及群众的支持下，大抓农田水利工程建设，井渠路林桥基本配套，初步建成了高产稳产的农田生态体系。经过三年的综合治理开发，试验区产量和人均收入大幅度增加，取得了显著的经济效益、生态效益和社会效益，为黄淮海平原不同类型区的综合治理开发提供了示范。

中国科学院黄淮海平原农业综合开发工作受到中共中央和国务院领导同志的高度重视，在国家农业综合开发领导小组、国家计划委员会、国家科学技术委员会及有关省（自治区、直辖市）的大力支持下，中国科学院同地方政府密切配合，将封丘、禹城、南皮试验区的成功经验，推广到 5 个省（市）的 44 个县（市），建立 23 个农业综合开发基地、21 个技术示范点。1988—1990 年，通过试验示范、科技承包、技术培训和选派科技副县（市）长等多种形式，推广农业新技术 50 余项，累计面积达 1500 万亩，直接经济效益 10 亿元以上。在豫北、淮北、苏北地区，大力推广应用科学技术成果，积极开展科技培训工作，共举办 38 个培训班，参加培训人员达 5000 人次，既普及了农村科学种田知识，又为当地培养了大批农业科技人才。

三、把办公室搬到封丘

1987 年 10 月 4 日，河南封丘农田生态系统国家野外科学观测研究站（中国科学院封丘农业生态实验站，简称封丘站）召开开放会议，参加会议的有 100 多人，中国科学院副院长李振声和河南省副省长宋照肃共同主持了这次会议。这次会议促成了封丘经验的推广，并使得农业科技"黄淮海战役"最终成形。1988 年 1 月，中国科学院在中关村的"四不要"（不要砖头、不要钢筋、不要木头、不要水泥）礼堂召开全院动员大会，中国科学院有 20 多个研究所都上去"打擂台"，包括植物生理研究所、遗传研究所、水生生物研究所等。总之，与农业研究开发方面相关的研究所，甚至是遥感应用研究所，全部都上台誓师。1988 年 2 月 22 日，《人民日报》头版头条发表了题为《农业科技"黄淮海战役"将揭序幕——中国科学院决定投入精兵强将打翻身仗》的报道，大大鼓舞了所有参加人员的士气。

为了确保工作的顺利进行，赵其国每年有 7 个月时间在封丘办公。那时，南京土壤研究所的许多工作都围绕封丘进行，几乎整个研究所的业务都转移到了那里。封丘聚集了两三百人，包括南京土壤研究所的人员和其他单位的员工，他们为了南京土壤研究所主持的项目而共同努力。十几个研究所的副所长也参与其中，赵其国作为大队长，以身作则，长期驻扎在封丘。这种精神极大地鼓舞了其他人也安心工作，大家齐心协力为国家实现粮食增产的目标而努力奋斗。

当时条件十分艰苦，大家住在万亩试验区内，因住房严重不足，一些人不得不在试验区内搭建棚子作为住所。这些棚子里没有床铺，晚上有些人就睡在桌子上，有些人睡在地上，赵其国也是打地铺睡觉。没有汽车，大家只能两人共骑一辆自行车出行，到了田里无法骑行，就只能步行。每天早上出发时，他们背上馒头，中午经常没有时间回住所吃饭，即使回到驻地，食堂也是开大灶。

> 当时群众生活水平很低，他们跟村民同吃同住。当时主要靠"三红"度日，就是红薯、红高粱、红辣椒，吃得饱，但吃不好。[1]

当时工作条件比较简陋，科研人员与群众一起用尺子在地里进行规划。地里要种树，首先要运来树苗，然后进行定苗和培植。种植后，还会在树木间套种麦子。夏季会种玉米，采用间种和套种的方式，以提高粮食产量。为了防止风灾，还要种泡桐。种植树木时，会按照一层一层的模式，每 100 亩规划一个林带，整齐划一，有当时的航空照片作为证据。在进行黄淮海大规模中低产田改造之前，历史上从未有过这样的工作，如此大规模地动员人力和物力，将大片的盐碱地分割成方格，方格外侧是一排排的排水沟和灌溉渠。灌溉和排水系统是分开的，以防止盐分上升到地表。灌溉沟渠和排水沟渠都超过一米高，一个万亩试验区就需要上百名各类科技人员参与，还有大量群众参与辅助工作。几乎整个封丘县都参与其中，县

---

① 李振声等口述，温瑾访问整理. 2012. 农业科技"黄淮海战役". 长沙：湖南教育出版社：294.

委书记也与赵其国一起办公，确保工作队的需要得到及时满足。例如，推广水稻种植时，县里会召开现场会，会议结束后立即分配种植面积，并规定每户必须种植的水稻数量。在当时的计划经济条件下，这些措施都取得了良好的效果。

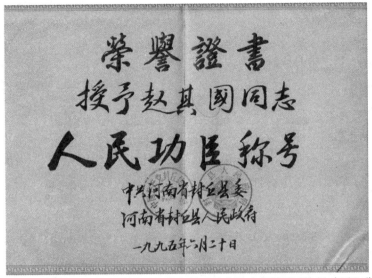

赵其国被中共河南省封丘县委、河南省封丘县人民政府授予"人民功臣"称号

科学试验需要精确的数据测定，包括在地里使用温度计测量温度，以及监测水、肥、气、盐的变化。每个田块的数据都要详细记录，每个田块的产量都要明确统计。这些数据都是通过手工这种原始方式测量出来的，凝聚了人们大量的努力和心血。粮食的收获量也是通过亲自去麦场打粮食来测定，无论是肥沃还是贫瘠的田块，收获都要进行测量和对比，既要确保科学性、真实性，又要能够达到可推广性。赵其国对大家说："我们自己做的工作我们自己对国家负责，我们自己都不确定的结果千万不要吹。"[1]当时，南京土壤研究所在封丘的人员众多，涵盖了从事稻改、计算机等不同领域的研究人员。此外，遗传研究所、水生生物研究所、兰州沙漠研究所、植物研究所等机构的专家也参与了工作，他们将各自的专业知识应用于封丘的实践中，为完成项目做出了显著贡献。

专家们如同战场上的士兵，来自各个专业领域的人员齐心协力投入工作。很多人和赵其国一样，长年在封丘辛勤工作，一干就是几年甚至十几

---

[1] 李振声等口述，温瑾访问整理. 2012. 农业科技"黄淮海战役". 长沙：湖南教育出版社：256.

年。有些人即使生病也坚持工作，不愿去医院，胃病在工作人员中很常见。许多人都将一生献给了国家的科学事业。经过这样的大规模会战，整个黄淮海平原的 1.7 亿亩耕地中，80%的土地都得到了改良。1993 年，"黄淮海平原综合治理与开发"项目荣获国家科学技术进步奖特等奖，整个工作告一段落，赵其国才搬回南京土壤研究所办公。

黄淮海平原农业的综合开发治理，推动了整个华北平原农业的发展，整个黄淮海平原的盐碱土改良，促进了粮棉油、畜牧业的发展，为该区域的粮食增产和农业开发做出了贡献。同时，黄淮海平原农业的综合开发治理也推动了全国农业的综合开发，自此，国务院成立农业综合开发办公室，该机构至今都在领导全国的农业综合开发，而最开始就是中国科学院提出来的。不仅提出来，而且把封丘打造成了样板，从理论和实践两方面清晰地解决了农业综合开发的问题。

第八章 悉心开展红壤研究

中国南方的一大片土地都覆盖着厚厚的红壤，赵其国有幸在年轻时就跟随李庆逵一直研究红壤，经过长期潜心研究，在热带土壤发生及红壤物质循环与调控研究方面取得了突出成绩，首次明确提出我国红壤具有古风化过程及现代红壤化过程两种对立统一的特征，并指明了红壤元素的迁移顺序。此外，赵其国系统研究了红壤的水分、养分循环、退化过程与有关物质循环的相互作用规律，开创了我国红壤物质循环综合研究的新思路。

一、建设红壤生态实验站

赵其国在担任南京土壤研究所所长之前就开始研究江西的红壤了。20世纪50年代，李庆逵就在江西考察过，也做过小型的试验站，所以江西省十分支持赵其国的工作，希望他能组织人力把江西全部考察一遍，看看全省的农业和经济布局究竟应该如何规划，要求能从地理、农业、粮食安全和食品安全、生态安全的角度提出意见。这与赵其国的工作思路不谋而合，因此后面双方的合作很顺利。江西省划拨了10多万元经费，请江西省红壤研究所配合，此前赵其国已与他们合作了一段时间。

中华人民共和国成立初期，南京土壤研究所根据经济发展需要，对华中、华南、西南地区的红壤资源进行调查。"1951年，我们首先在江西省新建县建立了甘家山红壤试验站，这是我国最早建立的一个红壤定位试验基地。"①甘家山地处南昌城区西北 20 多公里，1951 年上半年，李庆逵、何金海等人到江西南昌，在江西省地质调查所土壤研究室主任罗钟毓和技术人员张俊民的陪同下在南昌郊区进行实地考察，最终确定试验场设在甘家山。"甘家山红壤试验场的基建工作，是 1951 年下半年由胡祖光等同志经手建造的。"②甘家山红壤试验场建成以后，陆续有不少人过来进行与红壤研究相关的调查和试验，并总结当地农民合理利用红壤的经验，取得不少成果。

赵其国主要负责野外考察工作，因为江西省要求对红壤进行全面考察，所以他与江西红壤研究所的相关人员共同组织实施了对江西省土地资源和区划的考察。南京土壤研究所有七八个原本研究红壤的人也参与了此次工作，并且把一些小型仪器设备搬到了甘家山红壤试验场，以便一边做化验分析一边组织进行野外考察。1982 年 6 月，赵其国正式开始对江西的土地资源状况进行考察。江西省红壤研究所能外出考察的大概有 14 个人，加上南京土壤研究所来的人，一共有 20 多个人，配备了两辆汽车。大家一起出发，到一个县以后再分成两个组考察，一天结束以后再会合，这样持续考察了 8 个月。在这 8 个月里，赵其国基本都在江西考察，其间很少回家，以至于南京土壤研究所里有很多人都不知道赵其国的去向。整个考察期间，赵其国到了江西省 78 个县中的 73 个，面积达 16.5 万平方公里，有 5 个县因为被水淹了没去成。在野外，吃饭不方便，没赶上饭点的时候，赵其国就和大家一起啃干粮，也就是一些掺了粗粮的大饼子。运气好的时候，考察途中正好会经过小镇，大家才能吃一点儿热乎的饭菜。

南京土壤研究所的工作一结束，江西的调查也刚好结束，赵其国又回到江西省红壤研究所，组织人员编写一本 70 多万字的江西资源红壤报告，并绘制一张 1∶250 000 的土壤分布图。20 世纪 50 年代，李庆逵在江西研究红壤，当时赵其国也跟着做了一些工作。后来，赵其国到江西与江西省红壤研究所合作考察，在这些工作中，逐步把南京土壤研究所的一些科研工作态度和工作方法传承下来。编写报告期间，赵其国和大家几乎全天住在江西省红壤研究所。每天早上 5 点起床，在院子里召集大家讨论，早餐后便开始整理资料，所有人都集中在一间房子里工作。有时为了赶进度，他们就直接让人把饭菜送到工作现场，这样的生活持续了 20 多天。整个考察报告，赵其国一人就手写了 15 万字。那时没有电脑，报告都是手写完成，然后由专

① 石华. 1993. 我所红壤定位研究的回顾//中国科学院南京土壤研究所. 中国科学院南京土壤研究所建所四十周年纪念文集: 124.

② 张俊民. 1993. 回忆甘家山//中国科学院南京土壤研究所. 中国科学院南京土壤研究所建所四十周年纪念文集: 168.

人负责誊抄。最终，《江西红壤》报告完成了，并于 1989 年荣获江西省科技进步奖二等奖。

我国的红壤主要包括红壤、赤红壤及砖红壤等土类。这类土壤跨越我国热带、亚热带，分布面积约 220 万平方公里，是我国发展粮食及热带、亚热带经济作物和林木的重要基地。江西红壤是中部地区红壤最典型的代表，种类较多，所以赵其国把 12 个红壤的定位工作放在江西。

为了彻底弄清我国红壤现代成土过程的实质和红壤的发育年龄，我们从 1984 年起，相继在热带、亚热带红壤生态试验站，利用排水采集器等装置，通过系统观察、测定及计算机模拟方法，开展了红壤水热动态规律、物质迁移和平衡的长期定位观察，并从定量角度对红壤的现代成土过程及发育年龄做了初步研究。[①]

1985 年七八月，为了选择红壤生态实验站建设基地，中国科学院副院长孙鸿烈院士带着赵其国、石华等人从南京出发，乘车经安徽，过江西乐平、万年、景江等县，直到鹰潭，连续 6 天，沿线考察，最后将基地选定在鹰潭市余江县的刘家站农场（以下简称刘家站）。此后，赵其国和南京土壤研究所的其他专家、领导又多次到刘家站考察，进一步明确建站地点，细化建站方案。

1985 年 10 月，李庆逵（左一）、赵其国（左三）、石华（左二）等
在江西省鹰潭市刘家站为红壤生态实验站选址

① 赵其国. 1992. 我国红壤现代成土过程和发育年龄的初步研究. 第四纪研究，(4): 341-351.

刘家站地理位置优越，前方有湖泊，后方有山脉，中间是平坦的土地。当时这一带是一片未开发的空地，东临铁路，西靠公路，且处于几个省的交界处，交通极为便利。孙鸿烈回到北京以后，很快给南京土壤研究所下拨 150 万元经费用于野外试验站建设，这在当时算是天文数字了。经费一落实，赵其国马不停蹄，立即着手安排相关工作，马上打报告找江西省委书记批建站用地。那时候办事效率极高，报告很快就批下来了，一共批了 1500 亩建站用地。赵其国等几个人与省、市、县各级政府签了合作协议，500 元一亩地，连地面上生长的马尾松树也一起给，算作是江西省对中国科学院建设红壤生态实验站的支持。建站的主要困难是经费缺乏，当时中国科学院下拨的 150 万元经费中有 50 万元还是东北建黑土试验站的经费。虽然满打满算才 100 万元，但是建设红壤生态实验站一分钱没有浪费,赵其国与石华在那里住了 3 个月，亲自盯着建站。

1985 年 11 月，赵其国（前排右一）等出席江西省鹰潭市刘家站红壤生态实验站建站签字仪式

红壤生态实验站与刘家站相隔 5 公里，开始建设红壤生态实验站的时候，大家都是用自行车运送砖和瓦。砖不是用土烧制的普通砖，而是用当

地出产的红砂石打的石块，每一块都很重。第三纪的红砂石比较疏松，当地老百姓都把它当成砖头用来砌房，一块红砂石有 9 块普通砖头那么大，但没有那么重，只有两三块砖的重量，价钱只相当于两块砖的价钱。离工地不远的地方就有红砂岩，只要有力气，敲打下来就可以直接拿回来用，这样建材上就省了不少钱。大家几乎是连续数月搬砖数瓦日夜奋战在建站的工地上，最后按中国科学院的要求如期在一年内超额完成了建房任务，所有工作顺利完成，受到了中国科学院的表扬。

水用的是旁边水库里的水，不要钱，只要用水泵抽上来就可以保证生产生活用水需要，实验室用的水经过一定程度的过滤即可获得。另外，为了科研人员能在那里安顿下来，需要提供一个比较舒适的居住环境。年轻人没有电视、没有娱乐活动，生活太枯燥不行，因为那儿离县城太远了。所以生活条件也要逐步改善，这些都需要钱。赵其国多次前往北京向中国科学院汇报工作，不仅成功申请到了业务费、基建费、维修费和交通费，还为红壤生态实验站争取到了汽车。在当时，汽车是紧俏用品，只有达到一定级别才能配备，而红壤生态实验站作为南京土壤研究所的野外实验台站，级别不够，无法配备汽车。但在野外考察中，汽车至关重要，没有它就无法运输土壤样品和设备。赵其国坚持不懈，最终争取到了吉普车和购车费用，以及其他成套的仪器设备。此外，为解决驻站职工的生活需求，红壤生态实验站还利用当地条件开设了养猪场和茶厂，实现自给自足。这些举措不仅节省了运行经费，提高了职工福利，更重要的是增强了团队的凝聚力。

红壤生态实验站建成以后，接待了不少国内外的学者过来做实验或者参观学习。刚开始时，石华还兼任该站站长，后来转由其他人员具体负责。尽管如此，赵其国始终非常关心该站的发展，有时还要亲自出面处理与江西省的一些协调工作。经过几十年的发展，红壤生态实验站已成为我国南方红黄壤地区设立的一个长期的、开放最早的、面积大且合理布置农、林、果、牧、渔等不同生态系统类型的综合性农业、资源、生态与环境多学科的野外研究基地，是集区域生态系统定位观测与研究、资源高效利用与农业可持续发展模式示范、优秀科研人才培养等功能于一体的大型野外开放研究实验站。从 1985 年建站到 1989 年建农业试验站，再到 2005 年建国家野外科学观测研究站、2011 年建国家红壤改良工程技术研究中心，红壤生态实验站已全面建成面向红壤区域发展和科学需求,解决红壤资源综合利用管理的研发试验基地。

二、率先开展红壤定位观测

我国红壤主要分布在我国南方地区,总面积218万平方公里,包括15个省(自治区)(占全国土地面积的1/5),人口4.8亿(约占全国总人口数的40%),耕地2800万公顷(约占全国总耕地面积的30%)[①]。南方红壤地区是我国温度最高、湿度最大、生长季节最长的地区,而且有热带亚热带特征的气候条件,湿热条件最好,一年可种植两到三季作物。在约占全国1/3的耕地上,提供了全国一半的农业产值、粮食,并支撑了近一半的人口。本区属热带、亚热带季风气候,水热资源丰富,生产潜力巨大,气候生产潜力每年在46—54吨/公顷,是三江平原的2.63倍,黄土高原的2.66倍,黄淮海平原的1.28倍[②]。所以,南方红壤是我国最有代表性的土壤,世界其他地区(如南美洲、中美洲、非洲)虽然都属于热带、亚热带,但普遍干旱少雨,属于干旱的热带、亚热带,作物生长条件比较差。

如此优越的土壤条件和气候条件,使得长江流域的红壤为中华文明的孕育和发展提供了丰富的物质保障。之前说"两湖熟,天下足",后来说"湖广熟,天下足",都反映了南方红壤地区长久以来是我国的粮食主产区。明清以降,通过漕运实现南粮北调,产自湖南、江西的大米通过大运河源源不断地输往京师。所以,作为中国的一名土壤科研人员,红壤是必须要研究的。赵其国有幸在年轻时就跟随李庆逵一直做红壤研究,后来与学生一起继续进行实验,研究红壤的特性。

我国热带和亚热带地区广泛分布着红色或黄色的土壤,由于它们在土壤发生和生产利用上有共同之处,所以被统归为红壤系列或富铝化土纲,包括砖红壤、赤红壤、红壤、黄壤等主要土类。红壤地区气温高、雨量充沛,自然条件十分优越,是我国热带亚热带林木、果树和粮食作物的重要生产基地,生产潜力很大。受季风气候影响,本区一般都具有高温多雨、

---

① 赵其国,石华,吴志东.1992.红黄壤地区农业资源综合发展战略与对策//中国科学院红壤生态实验站.红壤生态系统研究(第一集).北京:科学出版社:1-13.

② 赵炳梓,徐富安,赵其国.1988.从农田气候生产力看红壤地区的水问题//中国科学院红壤生态实验站.红壤生态系统研究(第四集).南昌:江西科学技术出版社:139-147.

干湿季明显的特点，因而水热状况对土壤形成发育和热带亚热带作物发展，都有很大的影响。本区以山丘为主，地形及母质变化复杂。丘陵台地地势平缓，淋溶作用强烈，大多出现红壤。高山地区温度较低，温差很大，易于发育黄壤。深切河谷气候干热，淋溶作用较弱，大多形成褐红壤。红壤的形成是富铝化与生物富集化两种过程长期作用的结果，前者是该区土壤形成的基础，后者是土壤肥力不断发展的前提。富铝化过程，亦称脱硅富铝化过程，是红壤形成的主要过程，也是红壤中所进行的一种地球化学过程。其特点是土体中的硅酸盐类矿物强烈分解，硅和盐基成分遭到淋失，铁、铝等氧化物明显聚积，以及黏粒与次生矿物不断形成。红壤除了具有脱硅富铝化过程外，还具有明显的生物富集过程，这是在湿热条件下，繁茂的草木及其凋落物参与土壤强烈的生物循环的结果。据研究，在我国热带雨林条件下，枯枝落叶凋落物（干物质）每年可产 1540 斤/亩，在热带次生林下可产 1360 斤/亩，比温带小兴安岭地区高 1.5—2.0 倍[1]。

我国对红壤的研究始于 20 世纪 50 年代，南京土壤研究所当时主要集中研究橡胶林生态系统的重建、胶茶间作系统、丘陵红壤的土壤侵蚀及其防治途径、红壤旱地与水稻土的养分平衡和肥力恢复、红壤酸化防治等。1951 年上半年，李庆逵、何金海等即前往江西、湖南进行红壤调查，并筹备设立红壤试验场。1951 年下半年，在江西省新建县建立了甘家山红壤试验场，并开展了一系列的红壤资源开发利用等试验，提出了在红壤上直接施用磷矿粉、以磷增氮等重大建议，取得了显著的经济效益和重大理论进展[2]。20 世纪 60—70 年代，南京土壤研究所又相继在浙、赣布点开展红壤理化特性和肥料试验研究，建立示范样板田，对热带、亚热带森林生态系统的保护、次生潜育化引起的红壤性水稻土退化问题开展系统研究。80 年代在海南岛、广东、云南西双版纳等地开展了热带和亚热带森林系统定位观测、红壤养分物质循环与肥力变化的定位研究。

1985 年，在总结以往经验和教训的基础上，中国科学院根据国民经济建设和科学发展的需要，决定在我国亚热带典型红壤集中分布的江西省鹰潭市境内建立一个长期综合的实验研究基地——红壤生态实验站。为了深入研究土壤圈与环境间的养分循环规律，赵其国在红壤生态实验站内，按照系统分析模式，安装了在不同母质上发育土壤的原状土柱，通过排水

---

① 李庆逵. 1983. 中国红壤. 北京：科学出版社：4.
② 李庆逵，何金海，鲁如坤，等. 1953. 磷灰石肥效试验第二次报告. 土壤学报，2（3）：167-177.

采集器进行物质和能量交换的系统监测，这种参数测定和模型的建立，可为红壤地区养分和水分的循环预测、预控及土壤的合理利用与改良，提供可靠的数量依据。

1989 年 12 月 26 日，赵其国（前排左二）在江西鹰潭参加
红壤生态实验站开放评议会议

赵其国在江西省鹰潭市刘家站红壤生态实验站有一个研究项目，即学习澳大利亚、英国和美国搞生物地理群落定位站。采样的时候把土壤挖出来，然后原封不动地运到红壤生态实验站，在地下室里的一个排水采集器中一一安装起来，然后用水淋。土壤样品中有花岗岩发育而成的，也有玄武岩发育而成的，各种不同的物质发育的红壤，采自云南、广东、广西等地。赵其国通过这样的试验，长期观察不同土壤样品中不同的营养元素（如氮、钾、磷等）在长期水淋以后的情况，特别是土壤中营养元素的流失情况。赵其国在英国洛桑实验站参观时，看过他们做的类似实验，了解到相关实验已经持续近 150 年。洛桑实验站主要通过这个实验观察施用不同肥料对土壤肥力的影响，比如专门施用化肥的土壤、专门施用有机肥的土壤，以及混合施肥的土壤。通过长期实验并对观测数据进行对比，不难得出较为科学的结论。到底是施用有机肥好还是施用化肥好，不能仅凭经验，还要有数据支撑。实验证明，化肥和有机肥应合理、按比例地合理使用。

长期以来，国内外土壤学者对红壤的成土条件、基本属性都进行了大量研究，但对红壤现代成土过程的本质、物质迁移转化规律，特别是红壤发育年龄等问题尚未深入阐明。同时，过去对红壤研究多采用野外与室内的静态方法，缺乏长期定位与动态的系统研究，在论证成土过程与发育年龄上，也缺乏定量依据。为了进一步阐明红壤的形成过程与发育年龄，赵其国率先在位于江西省鹰潭市的红壤生态实验站，利用排水采集器等装置，通过定位观测与计算机模拟，开展了红壤水热动态规律、物质迁移与平衡的定位观察，并从动态与定量角度对其成土过程与发育年龄进行了深入的研究。

研究表明，我国红壤的形成是富铝化与生物富集两种过程相互作用的结果。富铝化过程是红壤形成的基础，它与红壤古风化壳的形成有密切联系，而生物富集是现代生物富集作用影响红壤发育的过程，这两个过程对红壤形成的影响是相互统一、不可分割的。我国红壤发育虽经历了长期的古风化过程，但当前的生物气候条件对其形成有明显影响，表现出红壤现代成土过程的特点。这进一步说明，在当前生物气候条件下，红壤的富铝化与生物富集作用仍在不断进行中，这一认识对进一步阐明红壤形成的实质与合理利用红壤资源均有重要的理论和实践意义。根据土壤溶液中硅的含量进行的元素迁移计算说明，由玄武岩发育的红壤（亦称砖红壤）完成全部脱硅过程的绝对年龄为 1.5 MaB.P.，大体上相当于晚期早更新世地质时期。这一结果虽需深入论证，但在我国红壤发育年龄的研究中是第一次，它对进一步探讨红壤发育与第四纪地质的关系有重要意义，受到国内外同行的重视。另外，运用红壤渗透水组成、游离铁含量等作为红壤化过程的指标，并进而对红壤的定量分类提出具体区分标准和新的途径，为在红壤研究中采用诊断系统分类奠定了基础。

三、开展土壤圈层研究

土壤圈是覆盖于地球表面和浅水域底部的土壤所构成的一种连续体或覆盖层，犹如地球的膜，在一定程度上类似生物体的生物膜。土壤圈是地圈系统的重要组成部分，其位置处于地圈系统，即大气圈、水圈、生物圈与岩石圈的交接界面，既是这些圈层的支撑者，又是它们长期共同作用的产物。早在 1938 年，马特松（S. Matson）就根据物质循环的观点，提出土壤是岩石圈、水圈、生物圈及大气圈相互作用的产物，并对土壤圈的含义进行了概括①。

20 世纪 60 年代以前，人们更多地关注岩石圈、生物圈、水圈、大气圈对土壤圈的影响，很少注意土壤圈对自然界其他圈层的影响以及相互影响。60 年代以后，全球性的工业化和农业现代化给人类进步带来了很大好处，但同时也带来了众所周知的生态、环境问题：世界人口增长对食物需求的日益增加，给全球带来了巨大的压力；在世界范围内，正在出现一些大区域的生态环境变化，如气候变化、土壤变化、生物种群变化等。地球上的这些变化与物质循环密切相关，土壤圈是全球循环中物质迁移转化的重要环节。不仅如此，土壤圈所处的特殊地位，使其成为地球系统中生物与非生物发生强烈交互作用的基地。

随着现代地球科学，特别是环境科学的发展，土壤学的研究内容与范围正在发生重大变化，土壤不仅是一种物质或一种独立的自然历史体，而且是地球系统中具有特殊结构与功能的圈层。从圈层的观点出发，土壤学不应局限于研究土壤物质的本身，而应朝着研究土壤与地球圈层的关系及人类生存环境的"土壤圈"方向转变，成为土壤学发展的新方向，这将对人类生存环境及全球变化的研究有着深刻的影响。

赵其国认为，学术研究是一个长远的过程，除了要有认真细致的科学精神外，还要具有一定的战略眼光。1987 年，中国科学院调整办院方针，南京土壤研究所为适应改革开放的新形势，强调开放式研究的改革主基调，筹划成立开放研究实验室。要成立开放研究实验室，没有理论基础是不行的，赵其国在前人的研究基础上适时提出重新科学阐述土壤圈层理论，为开放研究实验室的成立奠定了理论基础。1987 年 3 月 19 日，中国科学院资源环境科学与技术局邀请有关土壤专家参加，在南京主持召开土壤圈物质循环开放研究实验室论证会；8 月 20 日，批准成立土壤圈物质循环开放研究实验室②，任命赵其国为实验室主任。1991 年，他在《土壤》期刊上发表《土壤圈物质循环研究与土壤学的发展》一文，论述土壤圈的地位与功能、土壤圈物质循环的内涵，认为土壤圈物质循环是土壤学的主要研究内容③。土壤圈贮存了记录过去地球表面变化的丰富的信息，提取这些信息，研究现在进行的土壤物质循环与全球环境变化的关系，有助于对未来全球

---

① 赵其国. 1997. 土壤圈在全球变化中的意义与研究内容. 地学前缘, 4（1-2）：153-162.

② 中国科学院[87]科发计字 1035 号文件，现藏于南京土壤研究所档案室。

③ 赵其国. 1991. 土壤圈物质循环研究与土壤学的发展. 土壤, 23（1）：1-3, 15.

物质循环的规律和全球变化的趋向做出科学的预测，因而土壤圈物质循环研究成了土壤学发展的前沿领域，并受到许多相邻学科的注意。

把土壤学由侧重研究土壤本身研究扩展到土壤圈及其与地球各圈层的关系方向发展，从地圈系统的发展看，土壤圈总方向是研究土壤圈物质的组成、性质和物质与能量的循环及其对人类生存环境的影响。也就是说，把土壤这个历史自然体与地球系统其他各圈层紧密联系起来，研究它们的相互关系，从而为改善人类生存环境做出贡献。"这一进展具有重要意义，是把土壤学理论提高到了土壤圈学的高度，是宏观研究理论的一次突破，新的理论得到了国内外土壤学理论家的高度重视。"[1]南京土壤研究所因此顺利建立了土壤圈物质循环开放研究实验室，并创办了《土壤圈》英文版期刊*Pedosphere*。

1997 年，赵其国在《地学前缘》期刊上发表的《土壤圈在全球变化中的意义与研究内容》一文，全面阐述了土壤圈在全球土壤变化中的研究内容，包括土壤圈与地圈各圈层的物质循环、水土资源的时空变化、土壤肥力变化与农业持续发展以及区域治理与环境建设等，并认为这些内容都是全球土壤变化，尤其是中国全球变化的主题[2]。

同时，赵其国指出，红壤圈是土壤圈的热带亚热带地区的组成部分，占土壤圈面积的 45.2%，因此，红壤圈在地球系统中的地位与功能是与土壤圈在其中的地位与功能相一致的，只不过红壤圈受地球系统的影响更具有热带亚热带区域圈层影响的特点。基于此，赵其国将红壤圈在地球系统中的地位及功能与土壤圈统一看待[3]。他认为由于土壤圈（红壤圈）所处的特殊地位，是生物与非生物发生强烈交互作用的基地，土壤圈（红壤圈）内的各种土壤类型、特征与性质，都是大气圈、岩石圈、水圈及生物圈相互作用的记录与反映，对研究土壤圈（红壤圈）在自然与人为作用影响下的变化与发展具有重要意义。红壤是土壤圈的重要组成部分，具有土壤圈的相同功能，从土壤圈（红壤圈）与其他圈层的关系来看，由于红壤地处热带亚热带，水热条件与生物生产潜力巨大，因此，红壤本身及其与水圈、岩石圈、大气石圈、生圈层之间的物质循环及交换过程，较其他区域土壤更为强烈，并具有本身的特性和规律，而这种特性与规律正是红壤发生、

① 中国科学院南京土壤研究所.2003. 中国科学院南京土壤研究所发展历程：18.
② 赵其国.1997. 土壤圈在全球变化中的意义与研究内容. 地学前缘，4（1-2）：153-162.
③ 赵其国，等.2002. 红壤物质循环及其调控. 北京：科学出版社：423.

形成及发展的基本核心与动力。

赵其国通过长期研究发现,我国红壤地区的物质循环在全球变化中表现得极为活跃。例如,在大面积硫化物沉降的情况下,酸雨发生频繁;在森林演替与人为影响下,CO_2 及 CH_4 大量逸出;同时,在高强度人为耕作与工矿开采影响下,NO_3-N 对地下水质产生影响,并出现各种重金属对水、土壤的严重污染。特别值得注意的是,由于人类长期对土地资源的不合理利用,我国整个红壤地区的生态与环境遭受严重破坏,土壤质量的退化问题极其严重。水土流失不断加剧,土壤肥力不断减退,土壤酸化、污染加重。随着人口、资源、环境之间矛盾的加剧,从全球范围来看,世界热带、亚热带地区,包括我国红壤地区在内,以生态环境与土壤退化恢复重建为主体的综合治理,已成为一项刻不容缓的全球战略性任务。

20 世纪 90 年代以来,赵其国组织人员从防治土壤退化、发展生产与环境保护的角度,开展了南方退化生态系统的恢复重建和退化土壤的定位试验,对我国东部红壤地区土壤退化的时空演变、形成机制和调控对策进行了系统研究,并取得了明显的进展,相继出版了《中国东部红壤地区土壤退化的时空变化、机理及调控》(2002 年)、《红壤物质循环及其调控》(2002 年)等专著和一批论文,系统总结了有关红壤物质循环的研究成果。

《红壤物质循环及其调控》封面

第九章　力推生态高值农业

　　解决世界经济发展所面临的人口、资源、环境这三大难题的根本出路在于实现经济的可持续发展。2009 年，中国科学院提出发展"生态高值农业"的政策建议，得到国家的肯定，成为农业发展的方向。2015 年，党的十八届五中全会审议通过的《中共中央关于制定国民经济和社会发展第十三个五年规划的建议》为我国实现农业现代化指明了方向。农业现代化是全面建成小康社会、实现现代化的基础，要大力推进农业现代化，加快转变农业生产方式，走产出高效、产品安全、资源节约、环境友好的农业现代化道路。我国农业的现代化必然是现代化的"生态高值农业"，只有发展生态高值农业，才能充分挖掘农业增效、农民增收的潜力，实现生态、社会与经济的可持续发展，实现人与自然和谐共处，最终达到经济效益、社会效益、生态综合效益的最大化。

一、瓶颈与突破

　　改革开放极大地提高了我国在世界上的经济与政治地位，同时，党的十一届三中全会也极大地调动了亿万农民的积极性，解放了农村的生产力，为社会安定及民族工业的发展奠定了基础。

　　但不可否认的是，随着经济社会发展，"中国制造"不仅面临西方国家更大的压力，而且面临印度及东南亚地区更强的竞争。虽然拉动内需是我国经济进一步发展的措施，但一切循环皆是以物质为载体的能量循环，内需的拉动不能以加粗循环链，即高能量消耗和环境污染为基础。长江三角洲、珠江三角洲等经济相对发达地区，在追求社会效益和经济效益的同时也造成了一定的环境问题，部分地区 "生态"与"高效"未能得以协调，这引发了一系列的社会问题。

"安定"是我国发展经济的基础，农村是"中国制造"的劳动力源泉。中国是传统农业大国，但粮食问题依然突出，农产品的内在价值仍需大幅提升。为此，2008 年 10 月 12 日，党的十七届三中全会通过的《中共中央关于推进农村改革发展若干重大问题的决定》指出，"发展现代农业，必须按照高产、优质、高效、生态、安全的要求，加快转变农业发展方式，推进农业科技进步和创新，加强农业物质技术装备，健全农业产业体系，提高土地产出率、资源利用率、劳动生产率，增强农业抗风险能力、国际竞争能力、可持续发展能力"[①]。

为实现上述目标，在中国科学院的部署与领导下，针对 2005 年以来国内外农业发展面临的机遇与挑战，由赵其国牵头组成的中国科学院农业领域战略研究组于 2007—2009 年集体完成并制定了《中国至 2050 年农业科技领域路线图》，并提出了发展我国"生态高值农业"的理念及技术体系模式构建。2010 年 6 月，国家领导人在两院院士大会上，首次提出要"构建我国生态高值农业和生物产业体系"[②]。

"生态高值农业"中的"生态"旨在凸显农业在为社会提供安全优质农产品的同时，能够实现农业资源的永续利用，将农业纳入可持续发展的道路；其中的"高值"就是要体现农业有较高的土地产出率、投入产出率、劳动生产率。但"生态高值农业"不是简单的"生态"＋"高值"，这种生产方式需要体现"生态"与"高值"协调的社会属性。可见，"生态高值农业"是促进我国民生发展的必然选择，是我国目前经济发展与社会安定的迫切需求。

生态高值农业是集约化经营与生态化生产有机结合的现代农业。它以健康消费需求为导向，以提高农业市场竞争力和可持续发展能力为核心，兼有高技术投入、高产出、高效益与可持续发展的特性，是转变农业增长

---

① 中华人民共和国中央人民政府. 2008. 中共中央关于推进农村改革发展若干重大问题的决定. https://www.gov.cn/jrzg/2008-10/19/content_1125094.htm[2024-10-25].

② 中华人民共和国中央人民政府. 2010. 胡锦涛在中科院工程院两院院士大会上讲话（全文）. https://www.gov.cn/ldhd/2010-06/07/content_1622343.htm[2023-06-07].

方式、提高农业综合生产能力的集中体现。不同的社会生产力发展水平、社会制度、人类审美观与价值观等因素会产生不同的生态高值农业模式。这就决定了我国现代生态农业不能简单地引入西方发达国家的理论，国内不同地区也将发展出各自独特的模式。我们不应完全排斥化肥、农药等化学品的使用，而应将现代科学技术与传统农业技术相结合，充分利用有限的土地等资源，运用系统工程学的方法，全面规划、合理组织农业生产，以实现农业优质高效和持续发展，促进生态系统与经济系统两大系统的良性循环，实现经济效益、生态效益、社会效益三大效益的统一。

虽然生态农业、高效农业等诸方面在我国的各类科研计划中多有涉及，也取得了一系列的科研成果，并在我国一些地区进行了相关的示范，但从总体来看，成果间的相互协调或进一步的相辅相成不够明显，分散的个体和家庭经营因为规模太小，技术改造的能力较弱，往往无暇顾及生态环境的保护。因此，扩大经营规模，并在此基础上形成新的农业经济组织形式（具有现代理念的集体或私企）亦已成为现代农业的关键。同时，党的十七届三中全会审议通过了《中共中央关于推进农村改革发展若干重大问题的决定》。其中，土地流转的决定是自实行家庭联产承包责任制以来乡村财产制度的一次重大变革，农民承包的土地可从实物形态变为价值形态，让一部分农民获得股权后安心从事第二、第三产业，另一部分农民可以扩大土地经营规模。随着土地流转的加速，以"公司+农户土地入股+科技"的适度规模农业已在我国迅速发展，农业生产正由粗放经营向集约经营转变，农庄作业、机械化生产正逐步实现。这就为我国科技成果的转化、农业投资的扩大提供了近30年来难得的机遇，同时也为生态高值农业的发展奠定了良好的社会基础。

因此，针对我国城市郊区农业发展水平高、城乡一体化进程迅速、农业经济作物与设施养殖业比重高，以及农业清洁生产程度要求高和农产品健康质量及生态环境状况严峻等突出问题，集成国内外污染物农艺削减、农业减排、农业废弃物无害化处理、养殖系统废弃物资源化循环利用等方面的先进环境保育技术，并结合先进的农业清洁生产与加工技术，倡导在物质不断循环利用的基础上发展农业经济，研究和开发适于我国各地区以生态高值为特征的城郊农业发展模式及其配套技术体系，提升该区域农田的生态环境保育功能和农产品质量，实现"生态"与"高值"的双赢，是从根本上解决经济高速发展带来的生态环境问题、食品安全问题,维护农业经济和农村社会可持续发展的必然选择。

突出以资源循环高效利用、农业循环经济发展和城郊环境保育功能提升为目标,以农业减排、农业废弃物无害化处理、生活垃圾和养殖系统废弃物资源化循环利用、污染物减控技术为主线,有机集成国内外先进的生物技术、工程技术与农艺措施,优化"土壤–作物–微生物"联合体,消纳农业与农村污染物,快速提升城郊农产品安全与生态环境保育功能,具有技术优化与集成上的创新性。突出影响我国城郊农业效益、生态保育,以及食品安全与人民健康的重大问题,在分析我国地区农业现状与农业资源时空配置的基础上,进行城郊"种养加"一体化循环农业模式及其配套技术"点"上的突破;并进一步将"面"上原来分割的、分散的、直线化的农业在系统和整体的意义上实现重组,协调城郊农业的经济效益、生态效益和社会效益,逐步实现我国城郊的生态高值农业,具有实践上的创新性。

二、目标与路径

我国作为发展中大国,大力发展生态高值农业,不仅符合现代农业发展规律,适应时代发展趋势,更体现了循环经济和乡村振兴的发展要求。"生态高值农业是包括生态农业及环境与农产品高产、高质、高效及科技、市场、产业经济价值相结合的总概念,是现代农业可持续发展的方向。"[1] 中央提出要加快转变农业方式,即科学确定主要农产品自给水平,合理安排农业产业发展优先序。包括实施油料、糖料、天然橡胶生产,促进粮食、经济作物、饲草料三元种植,支持粮食主产区发展畜牧业和粮食加工业,开展园艺作物标准园创建,实施畜禽良种工程,推进水产健康养殖,加强渔政渔港等渔业基础设施建设。

做到产出高效、产品安全、资源节约、环境友好。产出高效,就是依靠科技支撑和创新驱动,提高土地产出率、资源利用率、劳动生产率,尽快转到数量质量效益并重、生产技术先进、经营规模适度、市场竞争力强、

---

① 赵其国. 2010. 生态高值农业是我国农业发展的战略方向. 土壤,42(6):857-862.

生态环境可持续的中国特色新型农业现代化道路。产品安全就是要把农产品质量安全作为转变农业发展方式、加快现代农业建设的关键环节：首先要把住生产环境安全关，治地治水，净化农产品产地环境，切断污染物进入农田的链条；其次要形成覆盖从田间到餐桌全过程的监管制度，建立更为严格的食品安全监管责任制和责任追究制度，并要大力培育食品品牌，保证人们对产品质量的信心。资源节约就是全面节约和高效利用资源，树立节约集约循环利用的资源观，开展节土、节水、节肥、节能行动，建立健全用能权、用水权、排污权、碳排放权初始分配制度，推动形成勤俭节约的社会风尚。环境友好就是加大环境治理力度，以提高环境质量为核心，实行最严格的环境保护制度，深入实施大气、水、土壤污染防治行动计划，实行省级以下环保机构监测监察执法垂直管理制度。筑牢生态安全屏障，坚持保护优先、自然恢复为主的原则，实施山水林田湖生态保护和修复工程，开展大规模国土绿化行动，完善天然林保护制度，开展蓝色海湾整治行动。

坚持五大发展理念，即创新发展、协调发展、绿色发展、开放发展、共享发展。创新发展，即必须把创新摆在国家发展全局的核心位置，不断推进理论创新、制度创新、科技创新、文化创新等各方面创新，让创新贯穿党和国家一切工作中，让创新在全社会蔚然成风，把发展基点放在创新上，形成促进创新的体制架构，塑造更多依靠创新驱动、更多发挥先发优势的引领型发展。协调发展，就是必须牢牢把握中国特色社会主义事业总体布局，正确处理发展中的重大关系，重点促进城乡区域协调发展，促进经济社会协调发展，促进新型工业化、信息化、城镇化、农业现代化同步发展，推动城乡协调发展。绿色发展，也就是要坚持可持续发展，坚定走生产发展、生活富裕、生态良好的文明发展道路，形成人与自然和谐发展的现代化建设新格局，促进人与自然和谐共生。开放发展，就是必须顺应我国经济深度融入世界经济的趋势，开创对外开放新局面，提高对外开放水平，协同推进战略互信、经贸合作、人文交流，努力形成深度融合的互利合作格局。共享发展，即按照人人参与、人人尽力、人人享有的要求，坚守底线、突出重点、完善制度、引导预期，注重机会公平，保障基本民生，实现全体人民共同迈入全面小康社会。

2015年中央一号文件提出，要顺应新常态下提质增效升级的内在要求，以转变农业发展方式为抓手，努力构建保供与增收并举、速度与质量并重、生产与生态协调的中国特色农业现代化新格局。一要加快技术创新，促进由农产品数量增长向数量质量并重转变，确保国家粮食安全；二要以发展农业产业化为手段，促进农业由"生产导向"向"消费导向"转变，确保农业生产、加工、销售协调发展；三要以建设资源节约、环境友好农业为着力点，促进由"高投入、高产出、高污染"向"低投入、高效率、低污染"的转变，确保农业生产、生活、生态"三生"共赢；四要以统筹"两种资源、两个市场"为依托，促进农业对外战略由"引进来"向"走出去"转变，扩展农业发展的渠道和空间。

"十二五"时期以来，我国始终把保障粮食等主要农产品有效供给作为农业农村工作的首要任务，农产品供给水平显著提升。粮食生产实现历史性的"十一连增"。一是农田有效灌溉面积占比超过 52%，农业靠天吃饭的局面正在逐步改变；二是农业科技进步贡献率已达到 56%，这标志着我国农业发展已从增加资源要素投入进入主要依靠科技进步的新时期；三是农作物良种覆盖率已稳定在 96% 以上，农业生产用种已全部实现了更新换代；四是主要农作物耕种收综合机械化水平超过 61%，农业生产方式已由人畜力为主转入以机械作业的新阶段；五是主要农产品加工转化率超过 60%，已从卖原字号农产品进入卖制成品的新阶段。

中国要强，农业必须强；中国要富，农民必须富。应该看到，经过几十年的高速发展，农业仍然是"四化同步"的短腿，"三农"还面临一些问题。主要包括：一是国内主要农产品的价格已经超过国际市场；二是农产品成本上升，"地板价"不断上升，"天花板"不断下压；三是补贴问题；四是产量高、库存高、进口高；五是生态环境对农业亮起"红灯"。

要解决这些问题，一是要大力发展农业产业化。在稳定粮食生产的基础上，积极推进农业结构调整，依靠科技支撑，由"生产导向"向"消费导向"转变，要把产业链、价值链等现代产业组织方式引入农业，促进一、二、三产业融合互动。二是要积极发展多种形式适度规模经营。要引导和规范土地经营权有序流转，发展各类新型农业经营主体，坚持以粮食和农业为主，避免"非粮化"，坚决禁止耕地"非农化"。三是要建设资源节约、环境友好型农业，综合施策，减少农业投入品过量使用，促进受损生态环境修复治理，加强耕地质量建设，严格保护耕地和水资源。四是要加大农业政策和资金投入力度。创新农业投融资机制，健全金融支农制度。五是要用好两个市场、两种资源。健全国际农业交流与合作制度，创新农业对外合作方式。六是要发挥好新型城镇化对农业现代化的辐射带动作用。创新以城带乡、以工促农方式，引导城市现代生产要素向农业农村流动，多渠道促进农民增收。

生态高值农业是中国科学院通过"中国至 2050 年农业科技发展路线图"研究提出，并得到国家领导肯定的农业研究方向。它是集约化经营与生态化生产有机结合的现代农业，以健康消费需求为导向，以提高农业市场竞争力和持续发展能力为核心，兼有高产出、高效益与可持续发展的双重特性，是转变农业增长方式、提高农业生产能力的集中表现。

根据我国农业现代化的发展新形势与要求，"十三五"期间我国生态高值农业体系与模式的研发，必须坚持六个创新。一是理念创新，以工业化的思维与形式发展现代农业，产业化必须是农业"产业与技术链条一体化"，必须通过政、产、学、研、商联合，统筹推动；二是科技创新，实现农业生产全过程的农业机械化、自动化、精确化，利用信息化、集约化、声频技术、光生物学技术等新技术发展农业；三是信息创新，采用信息化、互联网技术，通过电商将各种农业种子、设备、装备、基础农产品等大面积、大范围地直接销售到群众手中；四是安全创新，包括供给与需求安全、粮食与食品安全、农村生态安全、产业化安全；五是体系创新，构建与完善现代农业生产和产业、经营和服务、科技和技术推广、市场和对外开放等体系；六是管控创新，针对农业面临的挑战，制定相应的管控政策加以解决。

三、技术体系及模式构建

进入 21 世纪以来，国内外围绕土壤质量演变与调控、重金属等环境污染的修复、农产品质量安全控制、区域生态环境保护与建设、有机废弃物资源化等方面开展了大量研究，并形成了相应的技术体系。国内已就城市化对土壤资源和生态环境的影响、城郊农业废弃物循环利用与环境保护等方面开展了"城市土壤质量演变及其生态环境效应""（耕地）土壤质量指标体系""集约化养殖场畜禽粪便的农用风险与污染控制""商品有机肥标准化生产与管理体系研究""城郊农产品质量安全控制"等重大和重点项目研究，初步揭示了城郊环境质量问题及其生态环境效应，缩小了与发达国家在研究上的差距，并且在很多方面具有明显的中国特色，为我国城郊农业持续发展指明了方向。

发达国家非常注重城郊农业的生态环境功能。例如，日本的城郊农业突出生态和社会服务功能；德国的市民农园型农业以农耕体验和休闲为主要经营方式。我国城郊农业则因地域不同形成各种不同模式，如农林牧副渔结合的复合型模式、以沼气为纽带的资源利用型模式、农业生态恢复型模式、绿色食品型农业模式、太阳能综合利用等能源生态型农业模式、畜禽粪便利用型模式、农作物秸秆利用型模式和农（业）-（旅）游结合模式等。其突出特点是利用高新技术改造传统农业，利用循环经济发展环境友好型农业方式及资源集约型高效农业方式。但国内目前的城郊农业发展模式主要强调城郊农业的生产功能，对其环境保育功能考虑不足。

随着畜牧业的迅速发展，环境污染问题日趋突出。近年来，我国十分重视农业可持续发展和生态环境保护，加大了有机废弃物资源化利用等方面的科研力度，积累了大量研究资料和技术。针对养殖业对城郊环境的影响，提出了相应的控制与无害化处理以及循环利用技术。比如，应用生态养殖技术，通过食物链建立生态处理工程，减轻环境压力；通过优化饲料配方、添加酶制剂，加速营养物质在动物消化道中的降解，提高饲料的转化效率和利用率，减少营养元素的排出；通过堆腐发酵技术，把大量的畜禽粪便转化成无臭、无害、具有生物活性的高效有机肥，使氮、磷等养分重新循环到农田生态系统中，实现废弃物资源化；通过养殖蚯蚓，消耗粪便，并生产出高蛋白蚓体副产品等。这些已成功应用和在研的科学技术，为解决我国农业环境问题起到了关键性的作用。但至今仍缺乏行之有效的技术解决禽畜粪便资源化技术中的重金属问题，通过生物方法萃取畜禽粪便中的重金属，以达到减少甚至不向环境排放的目的；另外，在桑蚕业中，有效的蚕沙综合资源化技术显得相当缺乏。

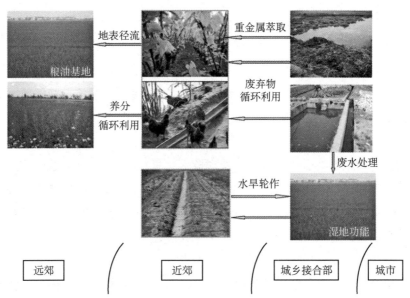

地表径流
粮油基地
重金属萃取
养分循环利用
废弃物循环利用
废水处理
水旱轮作
湿地功能
远郊 近郊 城乡接合部 城市

2015 年 12 月，赵其国在《生态高值农业在新形势下的发展战略思考》报告中展示的生态高值农业圈层模式示意图

生物质废弃物是人类在生产和消费生物质的过程中产生的，受环境迁移、富集和人类活动的影响，都可能含有有毒有害物质。生物质废弃物处理产物是生物质处理后的浓缩产品，其中有较高含量的粗脂肪、蛋白质和碳水化合物等有机化合物，也可能在处理过程中富集微含量的污染物质，如持久性有机污染物。这些微含量的污染物质是工业生产与人类活动中产生的污染物，其排放源分布非常广泛，往往具有亲脂性、环境高持久性等特征。这些无处不在的微含量的污染物质潜藏在生物质废弃物中，浓度有可能随生物质处理、浓缩的过程逐渐增加。另外，其他有毒有害物质（如多环芳烃、重金属等），由于其环境持久性等原因，也可能被富集。还有一些农业化合物（农药），以及新兴的环境污染物如个人护理品和药物（含兽药）与人类激素等，由于人类的大量使用也可能进入生物质的物质循环过程中。因此，监测生物质废弃处理产物中可能存在的有毒有害物质，是评价其安全性的重要依据，评价其资源化后可能形成的二次污染是进一步评价其安全性的必要工作。

农村经济基础薄弱，其生活污水处理不能按照治理城市生活污水或者工业污染的思路来处理。同时，将生活污水处理成达标排放水也无必要，一方面，这会浪费大量的优质有机肥，不利于农业持续发展；另一方面，这种方法也未必能达到消除污染的目的。国外在处理农村生活污水方面各有不同的主导工艺：日本农村污水处理采用小型生活污水净化槽，它属于淹没式生物滤池；韩国针对农村生活污水的特点，研究了一种湿地污水处理系统，需要的能源少，维护的成本低；澳大利亚的 Filter 污水处理系统，是一种过滤、土地处理与暗管排水相结合的污水再利用系统；等等。目前我国针对城市生活污水常用的处理技术有氧化沟、序批式活性污泥法及其各种变形、吸附-生物降解法以及具有除磷脱氮功能的厌氧-缺氧—好氧法（anaerobic-anoxic-oxic，A2/O）等。针对生活污水处理，国内已有多项专利，但针对城乡水质特点，并实现其所含养分循环利用的专利很少。

在农产品质量控制和城乡环境保育方面，强化农业与环境的协调、农业标准化与农产品健康质量，发展环境保护型农业模式是国内外农业发展的总体趋势。国内外政府和科研机构非常重视农业生产环境的污染控制与治理工作，并从标准制定、风险评价、政策法规建设、污染调查、源头控制和综合治理措施研究等不同层面开展环境污染的治理工作。控制农产品污染一般从源头控制和环境污染修复两方面同步进行，用于土壤重金属污染治理方法主要有三大方面：一是基于机械物理或物理化学原理的工程措施；二是基于污染物土壤地球化学行为的改良措施；三是利用植物、微生物和动物对重金属富集作用的生物措施。应用多种修复技术的联合修复技术越来越受到重视，是未来研究的重点之一。

在农产品质量标准和农产品品质监测与质量控制方面，自 20 世纪 80 年代初期开始，在大量深入研究的基础上，在土壤、农产品和农业环境方面陆续颁布了多项标准和规范及相应的监测方法，主要包括土壤方面的《土壤环境质量标准》、《农田土壤环境质量监测技术规范》（GB15618—1995）、《绿色食品产地环境质量标准》、《农产品安全质量　无公害蔬菜安全要求》（GB18406.1—2001）、《无公害食品　设施蔬菜产地环境条件》、《无公害食品　产地环境评价准则》、《食用农产品产地环境质量评价标准》（HJ332—2006）等。农业环境方面则有《农用水源环境质量监测技术规范》《绿色食品　农药使用准则》《基本农田环境质量保护技术规范》等。这些标准和规程基本适用于我国城郊环境状况和农业生产，但城郊农业的地位和作用特殊，非常有必要构建符合其发展的土壤、环境及农产品新标准。

赵其国在试验田

发达国家已经形成一整套农产品质量控制技术体系，我国也在农产品质量控制方面初步形成了我国主要农产品质量标准和产地环境质量标准体系，并在农产品质量检测、产地环境质量监测、有机磷等农药的快速降解、蔬菜硝酸盐的控制等方面取得了显著进展，但距离大规模推广应用还有很大的差距。

近年来，国际上十分重视农业环境与自然资源的高效利用及农业系统的循环经济：通过食物链加环、产品链加环，减少系统能耗和物质投入；通过农业资源优化配置，推动种植—养殖—加工业一体化发展；针对城郊农业废弃物利用不完善的情况，强调污染的源头控制技术和种—养—加工业废弃物的循环利用衔接技术，推进产业链间的循环互动。我国在农业废弃物循环利用和农业污染物控制的单项技术方面已有较大的发展。如何对单项技术进行有效集成、组装是未来发展的方向。通过对城郊农业循环经济产业链衔接关键技术、城郊农业循环农业产业链优化关键技术的研发与集成，为解决我国城郊农业的突出问题提供技术支撑，并构建适于我国地区以生态高值为特征的城郊农业发展模式及其配套技术体系，提升该区域农田的生态环境保育功能和农产品质量，实现"生态"与"高值"的双赢，从根本上解决经济高速发展带来的生态环境问题、食品安全问题，维护农业经济和农村社会可持续发展。研究成果必将推动我国城乡一体化经济与社会的发展，促进农业生产与生态环境的协调。

针对我国部分地区社会、经济发展水平较高，目前城郊农业生产要求经济效益与生态环境效益并重的局面，提出了以生态高值为特征的城郊农业发展模式及其配套技术体系。该模式旨在提升区域农田的生态环境保育功能和农产品质量，实现"生态"与"高值"的双赢，从根本上解决经济高速发展带来的生态环境问题、食品安全问题，维护农业经济和农村社会的可持续发展。

在城郊农业生产中，安全与高效是密不可分的，一旦失去农产品及环境的安全，就无法实现农业生产的高效。目前城郊农业生产对"安全"和"高效"均有迫切的需求，一些地区也出现了一些好的模式，但由于处于起步阶段，存在许多突出的问题，而且不同区域的使用效果也不一致，因此，城郊农业的发展应该结合地域特色，构建和集成更加切实可行的安全高效农业生产模式及其技术体系。

我国城郊环境质量的恶化和生态功能的衰退，以及由此引起的农产品安全问题，已成为严重影响城乡生态和居民健康的重要原因，并已演变成城郊经济和社会可持续发展的瓶颈。因此，需要针对我国城郊农业的实际状况，在总结国内外城郊或都市农业模式，特别是我国已有模式的基础上，充分汲取传统农业的精华，构建适于我国城郊生态高值农业的发展模式及其技术体系，加大农业废弃物的资源化循环利用力度，促进农业产业链的延伸与联合，转变农业增长方式，缓解并最终解决城郊农业经济发展与生态环境保育之间可能存在的矛盾，促进城郊农业的可持续发展。

随着农村的改革和发展，农业组织产生大户和企业的条件正在显现：一是随着土地流转的加快，农村人口和劳动力越来越少，剩下的农户逐渐占有规模的农业资源，有条件向农业大户、企业家转变；二是随着结构调整和产业化发展，目前多种组织形式并存的局面，将在不平衡发展中促使许多小户并成大户，大户转变为企业；三是农业现代化都要求农业生产者参与市场竞争，竞争促使农业主体从种/养殖向加工和流通发展，农业企业的现代管理和经营意识不断增强。这种新的组织形式的转变为生态高值农业的发展提供了广阔空间。同时，我国城郊农业主要分布在平原和水网区，地理与人文环境相似，经济文化总体发展水平相近，在农业生产力水平、生产组织形式、产业布局等方面差别不大。

因此，突出以资源循环高效利用和城郊环境保育功能提升为目标，以农业减排、农业废弃物无害化处理与资源化利用技术为基础，有机地结合生物技术、工程技术与农艺措施，优化"土壤-作物-微生物"联合体功能，从点与面两个层次构建我国城郊生态高值农业的两个典型模式。一是"种养加"一体化循环农业模式，在"点"的层面上，通过组装集成国内相关先进技术，为村镇级及农庄或农业大户提供"种养加"一体化循环农业模式及其技术集成方案。在新的生产组织方式下，对产业链中的物质（养分、污染物）和能量是否被充分循环利用，能量是否被高效转化，污染物是否被最大化削减进行统筹，实现养殖业、种植业的内部结构调整与优化，产业间各项技术有效、协调衔接，产业内部和彼此间的接口技术优化，建立与循环农业相适应的模式及相关技术、产业支撑体系。二是我国城市群郊区生态高值农业圈层模式，即在我国以大、中城市为中心的同心圆中，结合目前的土地流转、适度规模农业的发展、外来资金向城郊农业的介入，以及政府对生态环境保护投入的加大，逐步构建以城乡接合部为第一圈层的水-旱轮作模式；布局以蚕桑、苗木、经济林等多年生农林产业、畜牧业及农产品加工业为主的第二圈层"种养加"一体化循环农业模式；发展以优质高产粮油、蔬菜生产基地为主的外圈层规模农业模式。

通过十大典型区域生态高值农业发展模式的初步建立（包括对全国近 150 个模式的收集、挑选、组合、推广与提炼）后的总效益估算，我国将共建立核心示范区面积 5 万公顷（约 80 万亩）。2020 年，生态高值农业初具规模，综合效益提高 20%—30%；技术示范与辐射面积 50 万公顷（约 800 万亩），年经济效益可达 300 亿元。在未来的建设中，还将系统融合功能农业技术，进一步提升农产品的科技含量和价值。2020 年，通过重点农业科技领域的重大创新突破，构建生态高值农业技术体系，为不断满足我国日益增长的对农产品总量、质量、安全和多功能的需求，以及改善农业生产结构、生态环境和农业资源永续利用等生态高值农业体系提供科技支撑。到 2050 年，中国农业具备实现农业资源可持续利用、充分保障国家食物总量和质量安全，以及进入传统功能和现代多功能并存的未来农业所需要的科技支撑条件，使我国在发展中国家中率先进入生态高值可持续发展的新时代，全面实现农产品优质化、营养化、功能化，实现农业生产管理的信息化、数字化、精准化，建成农业高值转换的产业体系，形成生态系统持续良性循环、景观优美、功能多样、城乡一体的新型农业。

四、关注功能农业

功能农业是生态高值农业的有机组成部分，是一个关系着"未来农民种什么？人们未来吃什么？"的新兴方向。2008 年，赵其国及其他相关行业专家在《中国至 2050 年农业科技发展路线图》中首次提出发展功能农业思路。经过十多年的探索和实践，功能农业逐步经历概念提出、科技创新与产业示范三个阶段，并取得了一系列重要成果。

功能农业是指在天然富含有益成分的土壤、生境中生长，或通过生物营养强化技术及其他生物技术培育，实现农副产品中一种或多种有益健康成分（如矿物质、生物化合物）基于人类健康需求进行标准化优化的生产实践。

20 世纪 80 年代对全国土壤硒元素的分布调查表明，从东北至西南存在一条缺硒带。该区域此前存在因硒缺乏引起的地方病——克山病，后经采用补充硒盐消除了这一症状，但低于每日推荐硒摄入量的情况仍较普遍。改革开放以后，全国大部分地区都解决了温饱问题，人们的需求开始从"吃得饱"向"吃得好"转变。进入 21 世纪，中国人不但用占全世界 7% 的土地养活了占世界 22% 的人口，在某些地区、某些人群中还隐隐出现营养过剩的情况，人们开始追求如何从"吃得好"到"吃出健康"。

2008 年，赵其国针对出现的威胁中国人健康的新情况，敏锐抓住从土壤、种植到消费中的关键问题，联合相关领域专家，在《中国至 2050 年农业科技发展路线图》中首次提出发展功能农业的思路。2014 年，联合国粮食及农业组织明确指出，全球约有 20 亿人正遭受"隐性饥饿"的困扰。《2015—2017 年中国居民营养与健康状况监测报告》也显示，中国有

97%的居民存在膳食钙摄入不足的风险，仅有44%的居民膳食锌摄入量达到或超过标准，绝大多数居民都存在膳食维生素A、B1、B2和C摄入不足的风险。一方面是某些营养过剩，另一方面是部分人体必需的营养缺乏，如何锯长板、补短板，功能农业给人们蹚出了一条新路。

中国科学院农业领域战略研究组于2007—2009年编制的《中国至2050年农业科技发展路线图》首次提出功能农业理念及设想，做出"农产品要走向营养化、功能化"的判断。自2008年起，中国科学技术大学苏州研究院功能农业重点实验室在国内率先开展功能农业相关研发，苏州硒谷科技有限公司开展功能农业产学研结合工作，标志着我国功能农业正式迈入从无到有的阶段。

2013年，赵其国在《科技发展新态势与面向2020年的战略选择》中进一步指出，具有保健功能的食品科技将成为农业科技新的发展方向；在《生态高值农业：理论与实践》中也明确提出，功能农业是生态高值农业的支撑性技术，标志着功能农业已成为生态高值农业的重要科学内涵，是农业发展的新方向。2016年，赵其国与尹雪斌合作出版《功能农业》一书，详细阐述了功能农业的学科体系构建、产业化实践和发展趋势。

《生态高值农业：理论与实践》封面

2020 年 10 月 5 日，赵其国（前排右二）在安徽省小岗村功能农业试验基地考察

2019 年 11 月，赵其国作为执行主席，孙鸿烈、周成虎、印遇龙和尹雪斌作为联合执行主席，召开了以"功能农业关键科学问题与发展战略"为主题的第 669 次香山科学会议。与会专家一致认为：功能农业是世界农业发展的新趋势，功能农业已实现了"从 0 到 1"的突破，未来即将进入"从 1 到 100"的跨越式发展，应加快围绕产业链构建创新链，加快建设国家平台，组建"国家队"。由此，功能农业已经成为促进我国农业供给侧结构性改革的新抓手、推进农业高质量发展的新动力、助力乡村振兴和健康中国战略的新思路。

2016 年出台的《中共中央、国务院关于深入推进农业供给侧结构性改革加快培育农业农村发展新动能的若干意见》中明确提出，要"加强现代生物和营养强化技术研究，挖掘开发具有保健功能的食品"。2019 年，国家粮食和物资储备局及财政部联合实施"中国好粮油"行动计划，提出"营养、健康"是好字的标准；同年 6 月，《国务院关于促进乡村产业振兴的指导意见》要求，"推进农业与文化、旅游、教育、康养等产业融合，发展创意农业、功能农业"；同年 7 月，功能农业被列入农业农村部印发的《全国乡村产业发展规划（2020—2025 年）》及《2021 年乡村产业工作要点》。近年来，农业农村部为大力发展功能农业，在已建设的五个国家农创中心中有三个将功能农业列为主导方向；国务院批建的国家农业高新技术产业示范区中，也有一半将功能农业或功能食品列为主导产业。

经赵其国申请，推动了第 752 次香山科学会议学术讨论会于 2023 年 8 月 14—15 日在安徽滁州成功召开，会议主题是"我国功能农业科技'创新链'布局设计"。

赵其国认为，农业发展就是要面向解决人们"吃出健康"的问题。中国居民面临着"隐性饥饿"、糖尿病和人口老龄化等健康问题。根据国际糖尿病联盟（IDF）发布的《IDF 2021 全球糖尿病地图》，中国的糖尿病患者数量近年来呈现快速增长的趋势，截至 2021 年，中国约有 1.16 亿成年糖尿病患者，其中老年人口占比比较高。党中央、国务院印发的《"健康中国 2030"规划纲要》首次将"健康中国"上升为国家战略，并将健康产业作为国家支柱型战略产业。发展功能农业，提高农产品营养供给，可有效应对这些问题，更好地满足人民对于健康生活的需求。

富含矿物质的土壤是发展功能农业的重要基础。中国是世界主要的硒资源国之一，此外，中国还拥有丰富的锌资源。除硒、锌资源外，根据联合国教育、科学及文化组织以及联合国粮食及农业组织发布的数据，在全球范围内，盐碱地总面积为 9.5438 亿公顷，其中中国为 9913 万公顷，大约占世界盐碱地总面积的 1/10。这些数据表明，中国在硒、锌与盐碱地资源方面拥有丰富的优势。这些优势可以为发展功能农业实现资源的更加有效利用和经济的持续发展提供有力的保障。

中华人民共和国成立以来，高产农业解决了人们"吃得饱"的需求，绿色农业解决了人们"吃得安全"的需求，功能农业主要希望解决人们"吃出健康"的需求，是农业发展的第三个阶段。功能农业主要是帮助消费者通过"食补"，解决微量元素等缺乏导致的"隐性饥饿"问题，实现"缺什么补什么"的目的。在赵其国的推动下，全国的功能农业新技术应用得到了长足的发展。近年来，在天然富硒、富锌等特色土地的区域，功能农业发展迅猛，效果显著。目前已有江苏、安徽、浙江、河北、江西、山西、湖北、陕西、广西、宁夏、黑龙江、河南、贵州、吉林、湖南、山东、广东、重庆、新疆、海南 20 个省（自治区、直辖市），以及"一带一路"合作国家泰国，在积极布局、发展功能农业，形成了"20+1"的发展格局。

山西、陕西是全国功能农业发展的重要地区，赵其国对其非常关注。2019 年 5 月 21 日，他在山西省农业科学院会议室做了一场题为《功能农业的过去、现在和未来》的精彩学术报告。报告从我国生态高值农业产业体系的背景、功能农业的创建、功能农业的发展基础等方面，详细讲述了功能农业的"前世今生"，针对山西功能农业的发展，建议打好"三张牌"：一是聚焦小杂粮产业；二是按照"有机+功能"方向发展；三是在全国树立"生态高值型功能农业"典型。报告会结束以后，赵其国又不辞辛劳，参观了山西省功能农业院士工作站实验室和黑小麦陈列室。第二天到山西省寿阳县参加"山西省功能农业院士工作站示范基地"揭牌活动。

2019年5月23日，赵其国来到山西农业大学，为学校发展和山西"农谷"建设"问诊把脉"。他对山西农业大学所取得的成绩和各学院所开展的工作给予高度肯定，指出山西农业大学底蕴深厚、学科门类齐全，具备开展农业科技创新的完整链条的条件，未来在开展功能农业相关工作时，应注重分析国家战略，找准切入点；坚定落实"山西农谷"省级战略，建设山西农谷国家现代农业产业科技创新中心和国家农业高新技术产业示范区；打好功能农业、小杂粮、有机旱作"三张牌"，按照"有机+功能"的方向，打造全国典型的"生态高值型功能农业"。

2019年5月27日，赵其国受陕西省安康市邀请，调研陕西省安康市富硒产业，并为"赵其国院士安康工作站暨功能农业成果转化汉阴示范基地"进行了授牌。位于秦巴山区的陕西省安康市，全域54.2%的土壤含硒量达中硒以上水平，被誉为"中国硒谷"。安康市地处山区，交通不便，但90岁高龄的赵其国一路奔波，毫无怨言。在车上，他还给大家讲述了自己的科学研究、人生经历。他说尽管历经艰难，但始终坚信能够创造辉煌。当被问及如何克服困难时，他没有说豪言壮语，而是轻声吟诵了那句诗："为什么我的眼里常含泪水？因为我对这土地爱得深沉。"

第十章　甘为人梯育英才

赵其国年幼时父母离异，由两位姑妈抚养成人。姑妈对他既疼爱又严厉，为他上学不惜东奔西走、变卖私蓄，使他内心深处充满了对她们无私付出的感激，并从小养成了勤奋好学的好习惯。顺利完成中学、大学学业以后，他被分配到南京土壤研究所工作，马溶之、熊毅、李庆逵等人对他既关心培养又严格要求，其中尤以李庆逵最为突出，使他从一个土壤专业的"门外汉"成长为中国科学院院士。因此，赵其国在培养学生时，也注重在生活上关爱，在学业上严格要求学生，为了学生的成长甘愿做铺路石，为中国土壤研究事业培养了一批又一批的优秀人才。

一、瞄准国家需求

20世纪80年代初，赵其国带领团队在全面系统研究中国红壤的形成及其退化机理与调控的基础上，指出中国红壤的形成是脱硅富铝化与生物富集化两种过程长期相互作用的结果，而且在现有的生物气候条件下，红壤的脱硅富铝化与生物富集作用仍在不断进行中。

在南京土壤研究所期间，赵老师经常提醒我们只有把自己的科研服务于国家战略、满足社会需求，才具有价值，才是真正的科学贡献。30年前的我国南方红壤地区，至少面临土壤退化、贫困化两方面的问题。

一是土壤退化。这主要是不合理地开发利用，造成表土的大量流失，局部地区形成红色荒漠，如江西东南部、福建西北部等。二是广西、云南、贵州等西南地区的石漠化。在承担南方红壤研究课题时，他在系统探索红壤形成与物质循环的同时，还提出红壤质量退化评价指标体系研究。这些选题研究紧密地切合了当时的国家土壤退化治理战略。[1]

赵其国首先提出由玄武岩发育的红壤完成全部脱硅过程的绝对年龄为 1.5 MaB.P., 大体上相当于晚期早更新世地质时期。另外，在"我国东部红壤丘陵地区土壤退化的时空演变、退化机理及调控对策"研究中，赵其国研究并提出了不同类型区域防治及恢复重建退化土壤生态系统的调控体系。这些研究成果被国际土壤学会专家评价为"不仅在中国，而且在国际热带土壤研究上有重要指导意义"。

20 世纪 80 年代后期，从土壤学的发展方向看，赵其国预见到，随着土壤科学向系统化、综合化、工程化发展，其研究内容必然向土壤圈物质及能量循环的功能、机制及其对人类与环境影响的方向发展并不断深化。在这个理论的指导下，赵其国及其同行进而提出了未来土壤圈学的具体研究内容。他认为，今后土壤学研究的总趋向，将是土壤圈及其在地球各圈层的物质组成、性质与能量循环及其对人类生存和环境的影响。这一总趋向表明，未来土壤学研究必须从土壤圈与地球各圈层的关系这一宏观角度出发；土壤圈的内涵、功能及其与其他圈层的物质、能量交换，特别是圈层界面的物质交换，是今后土壤学的重要研究内容；土壤学研究将朝全球变化方向推进，这将推动理论上和解决人类生存与环境问题的实践上出现突破性进展。在这个理论的指导下，赵其国领导建立了世界上第一个土壤圈物质循环开放研究实验室，设置的研究课题向全国甚至全世界开放，前来参加研究的除了南京土壤研究所和国内的科技人员外，还有德国、法国、加拿大等国的科技人员。他们总体素质较高，思想较新颖，不仅促进了学科间的交流与相互渗透，也促进了新学术思想的产生。

1996 年，赵其国针对长江三角洲地区农业集约化、工业化和城市化

---

[1] 秦明周. 2023. 土壤学界的领头人——记我的老师赵其国院士. 未发表.

快速发展对水土资源与农业生产的影响问题，率先组织中国科学院院士等专家，带队在长江三角洲地区进行实地调研，形成了《长江三角洲地区水土资源与农业环境可持续发展》等多份咨询报告，为长江三角洲及全国农业安全生产和持续发展提供了战略性指导思想与研究策略。2001 年，他受中国科学院、国家发展和改革委员会委托，先后三次组织"中国沿海快速发展地区水土资源综合管理与农业可持续发展""经济快速发展地区生态环境质量现状与对策""东南沿海经济发达地区可持续发展的问题和对策"等重大科学考察与咨询活动，并组织召开了"中国沿海地区水土资源与农业可持续发展"国际研讨会和"经济快速发展地区可持续发展问题与对策"香山科学会议。

2001 年，赵其国成功争取到中国科学院地学部的咨询任务，首次组织对我国东南沿海经济快速发展地区的生态环境变化与保护治理、可持续发展问题进行院士专家考察。考察组由来自水利、土壤、气候、生物、政策、管理等多学科领域的十余位两院院士组成，骆永明担任考察组秘书。考察路线从南到北途经广东、香港、澳门、福建、浙江、上海、江苏等地。这次考察活动形成了重要的咨询报告——《东南沿海经济快速发展地区环境污染及其治理对策》，为国家区域经济快速增长与环境保护协调平衡发展、生态环境治理与安全保障提供了重要的依据和决策参考，也为 2022 年启动的项目"长江、珠江三角洲地区土壤和大气环境质量变化规律与调控原理"奠定了扎实的基础。

"清洁生产"这一术语最早是由联合国环境规划署在 1989 年针对工业污染防治概念和实践方式的转变而提出的。我国的清洁生产主要聚焦于工业领域，对农产品清洁生产方面的重视程度并不及工业生产。江苏省既是我国的经济大省，也是农业大省，主要农产品产量均位居全国前列。自 1978 年改革开放以来，江苏经济发展快速，环境压力日益加大，农业可持续发展面临严峻形势。在此情况下，2001 年，赵其国率先向江苏省政府提出"开展农产品清洁生产创新研究"的建议，得到了江苏省领导的高度重视并批准立项。2002 年，江苏省组织有关科研单位和相关职能部门，由赵其国牵头对农产品清洁生产开展攻关研究，在无公害农产品产地建设及产品认证、无公害农产品标准和生产技术规程的编制与审定、农产品检验检测体系的建立,以及相关政策法规的建立和完善等方面都取得了较大的进展,到2005年取得初步成果,并出版了《江苏省农产品清洁生产创新研究与实施》。在此基础上,2008年6月,江苏省有关部门又组织并完成了历时3年的"江苏省现代农业发展研究"任务,得到江苏省领导部门的好评。赵其国作为项目领导小组顾问,多次解决课题研究中的关键问题,为江苏省农业可持续发展及粮食安全、农产品清洁生产等研究项目的顺利开展,提供了理论与实践依据。

2004年,赵其国接到对东南沿海经济发达地区可持续发展问题与对策的国家咨询任务,担任组长,骆永明作为考察组秘书开展辅助性工作。这次考察的重点是长江三角洲、珠江三角洲和闽江三角洲地区,经过近一年的紧张工作,提交了重要咨询报告《东南沿海经济发达地区可持续发展的问题和对策》,被国家直接采纳。2010年,国家开始为期两年的东南沿海生态环境变化与持续发展的10年回顾分析咨询工作,80岁高龄的赵其国仍亲自披挂上阵。这次考察范围从东南沿海延伸到了山东胶东半岛和黄河三角洲地区。他总是事必躬亲,圆满地完成了全程考察任务,不仅向国家呈报了重要咨询报告《东南沿海经济发达地区环境质量状况及其对策》,而且组织出版了融合科学与人文的综合性著作《东南沿海发达地区环境质量演变与可持续发展》。

2016年,上级下达"探索实行耕地轮作休耕制度试点问题"咨询任务,任命赵其国为组长。该咨询项目要求系统了解我国主要地下水漏斗区、重金属污染区、生态严重退化地区等农业生态环境问题,综合分析成因,科学评估耕地轮作休耕的技术路径,提出国家探索实行耕地轮作休耕制度试点的对策建议,为确保耕地急用之时粮食能够产得出、供得上,保障国家粮食安全,提供重要咨询建议。86岁高龄的赵其国欣然接受这项任务,医生不建议他乘坐飞机,他就从江苏到河北、湖南、贵州、黑龙江一路乘坐火车,甚至通过间断式乘车到达目的地。他带领团队,每天从早上到傍晚,从农户到企业,从田头到会场,从研讨到采访,从点线面获取了丰富的第一手资料,以数据事实支持咨询报告形成,向中国科学院呈报了重要咨询报告《关于我国耕地轮作休耕制度试点现状、问题与对策建议》,及时、有力地支持了国家的有关决策。

2017 年 6 月 27 日，赵其国（前排左一）在河北省某地地下水大漏斗区玉米地，现场向考察组讲解土壤水分与作物生长的关系
（骆永明供图）

　　未来，农业是一个具有无限发展空间和潜力的行业，发展机遇与巨大挑战始终并存。到 2050 年，中国农业将同全球农业一起逐渐步入一个农业发展新时代，农业能否满足人类社会和经济发展的需求，科技进步将起到至关重要的作用。为了有效地促进中国农业的发展，有必要制定农业科技领域发展路线图。2007 年 10 月，赵其国和黄季焜领衔，按照中国科学院科技发展路线图研究的总体部署，成立了由来自中国科学院相关研究所近 20 位专家组成的农业领域战略研究组，承担"中国至 2050 年农业科技发展路线图"研究[1]。研究工作涉及植物、动物、资源、安全、现代农业、制度政策等诸多领域，研究工作艰巨而复杂。研究中提出了发展我国"生态高值农业"的理念及其技术体系，同时构建了我国"生态高值农业"的产业化体系，指出中国农业科技的发展目标是：到 2050 年，通过重点农业科技领域的重大创新突破，可为不断满足日益增长的农产品总量、质量、安全和多功能的需求以及改善农业生产结构、生态环境和农业资源永续利用等生态高值农业体系提供科技支撑。

　　80 岁之后，许多事情赵其国不再亲自参与，但这并不影响他时刻关

---

① 中国科学院农业领域战略研究组. 2009. 中国至 2050 年农业科技领域发展路线图. 北京：科学出版社：1.

注国内外土壤学科的发展和变化。"我最近主要考虑土壤学这个学科发展当中一些深层次的问题,比如怎么在时间、空间上做一个发展路线的顶层设计,从时间上提出土壤学发展的路线图,从 2020 年到 2050 年土壤学科怎么进入世界水平。"①他是这样想,也是这样说,更是这样做的。即使已年届九旬,赵其国依然初衷不改,初心不变。这样的事情有很多,他的学生张银萍回忆说:

> 2019 年南京土壤研究所土壤与农业国家农业重点实验室一年一度的学术年会在年底召开,我想趁此机会跟进相关学科的科研前沿,也想趁此机会拜访先生,于是我 7 点整到赵先生办公室门口,赵先生办公室门半开着,正准备敲门却又停下了,隔着门听到先生熟悉且和蔼可亲的声音:"我们所 1/3 的学生在出国的路上,1/3 的学生正在国外,1/3 的学生在回国途中。"这么多年过去了,先生的声音还是如此亲切,一如他过去一样,这也是先生严谨治学桃李满天下的侧面反映。那激昂的鼓励声激励着年轻人的奋斗精神,我不忍心打扰这温馨和睦的氛围,默默地望着窗外漫天飘零的雪花,移步到会议室。大雾笼罩雪花围绕的惠联楼四楼会议室已经座无虚席,早到的老师和同学都在埋头看着会议日程,琢磨着每个报告的可能内容,汇报工作的老师在精心演练着报告内容,所有一切井然有序地进行着。7 点 50 分整,会议室门吱呀一声打开了,全体师生齐刷刷地回头一看,在会场的老师和同学都面露崇敬的神色,年近九旬的赵先生一步一步挪进会场,面含微笑,轻挥双手回应大家热情的掌声,这掌声里饱含后辈对先生无尽的尊重与敬仰。奋斗与拼搏是中国科学院不变的主旋律。数九寒冬里,年近九旬的赵先生仍然激情四溢地伏案耕耘,仍然毫无倦意地坚持承担那一份责任,仍然信心十足地坚持带领年轻人顺应时代奋力前行。②

这正是"老牛亦解韶光贵,不待扬鞭自奋蹄"的真实写照。赵其国总是说,只有结合我国社会的需求、国家的需求和目标做出来的成绩,才是中国科学家真正的贡献。

---

① 摘自赵其国访谈录音资料整理(九),现藏于中国科学家博物馆。
② 张银萍.2022. 把温暖载向人间把科研载向世界的引领者. 未发表.

二、培养骨干队伍

20 世纪 50 年代南京土壤研究所成立以后，科研力量快速壮大。在老一辈土壤学家马溶之、熊毅、李庆逵等的悉心培养下，新一代的学科带头人迅速成长起来，经过十多年的发展全所从建所初期的 52 人很快增加至近 500 人。"文化大革命"期间，科研工作遭到很大的破坏，科研人员流失严重。1983 年，赵其国担任南京土壤研究所所长的时候，正是全国科技人才青黄不接的年代，南京土壤研究所也不例外。因此，他上任以后做的第一件事情就是狠抓人才建设，尽快建设一支业务水平较高的人才队伍。

人才培养不是一朝一夕的事情，当时的首要工作就是解决好现有人员的合理配置和分工。新进所的年轻人被分到各个研究室工作，他们通常对自己的专业比较了解，但对其他的专业方向了解不够，如搞物理的人主要是在土壤物理上下功夫，但对土壤学的其他方面了解不够。为了能让大家集中在一起协同作战，赵其国提出以学术为主体，用学术思想凝聚人才。南京土壤研究所主要从事什么研究？未来发展方向是什么？在讨论的基础上，赵其国提出南京土壤研究所就是要研究土壤圈层，提出"土壤圈"的概念，要求水利、土壤、气候、生物、物理、化学都要围绕这个中心来展开研究。

自 1978 年改革开放以来，南京土壤研究所的科研工作全面展开，承担了"黄淮海平原综合治理和合理开发""南方红壤丘陵综合治理""太湖平原综合开发""长江三峡工程生态环境治理""黑龙江荒地资源综合考察"等国家重大项目，有的项目获得国家级重大成果奖励。1983—1987 年，中国科学院确定的办院方针是"侧重基础、侧重提高，为国民经济和国防建设服务"，把主要力量动员和组织到规模经济建设的主战场。南京土壤研究所调整为 10 个研究室和 4 个技术系统，成立了土壤圈物质循环开放研究实验室，赵其国任实验室主任，文启孝为实验室学术委员会主任。1985 年，中国科学院批准成立南京土壤研究所学位评定委员会，李庆逵任学位评定委员会主席。1985—1987 年，南京土壤研究所建立了土壤环境保护和土壤生态学科，深入开展了土壤圈及其与其他圈层的关系的研究，对土壤分类、土壤电化学的研究与发展均发挥了积极作用。

通过研究土壤圈理论学，把南京土壤研究所的各类人才都引导到这个发展思路上，最终促成土壤圈物质循环开放研究实验室的成立。该实验室成为大家争取项目、经费，开展研究的重要平台。同时，通过设定每个实验室的研究方向，包括理论上的探索和实践上的主要任务，将地理、化学、农化、肥料等方面的人才，以及南京土壤研究所外的人才都吸引到土壤圈层研究这条路上来，集中到这个开放研究实验室中来，形成一支有机整合的人才队伍。可以说，人才培养的关键就是把人心凝聚起来，对人才资源进行合理配置。当时，赵其国聘请熊毅担任南京土壤研究所顾问和名誉所长，李庆逵相当于名誉副所长，由他们负责检查学风，要求南京土壤研究所的科研人员必须规规矩矩做学问，从而使大家逐步在学术思想上统一起来。

土壤圈物质循环开放研究实验室建立以后，因为与水利、气候、生物等领域有着或多或少的联系，所以原本不相关的科研项目得以通过这个平台有机地结合起来。很多科研人员都通过这个平台申请到了土壤科学以外的（如水利、气候、生物方面的）科研项目，从而极大地扩展了研究领域，拓宽了项目申请渠道。这使得南京土壤研究所在时代发展的大潮中立于不败之地。20世纪80年代，因为争取不到科研项目，有人建议把南京土壤研究所改成城市规划所、土地利用设计院或者土地管理学院。后来赵其国说，谁把南京土壤研究所的名字改了，谁就是败家子。因此，即使在最困难的时候，南京土壤研究所的名字都没有改过。进入21世纪以后，随着土壤问题日益凸显，土壤学重新成为科学研究的重要学科，凝聚了一大批科研人员，很多人感慨当初不改名的决定是多么明智。

从事土壤、地学和环境研究有它的特殊性，研究人员必须多看，特别是多进行实地考察，但限于当时的条件，很多科研人员根本不了解国外同行的研究情况。因为种种原因，南京土壤研究所的科研队伍开始出现青黄不接的情况。为了尽快解决学术人员的成长问题，赵其国和班子成员一起，组织制订了人才培养计划和人才工作规划。当时南京土壤研究所有学术人员加起来将近200人，其中研究实习员80多人，助理研究员60多人，副研究员20多人，研究员6人，总体呈宝塔状。在前期细致摸底的基础上，赵其国和班子成员一起多次讨论，提出一个"三三制"的人才培养方案。按照这个方案，从全所近200名科研人员中挑出1/3进行重点培养，经过仔细挑选，最终确定83人，主要是年轻人，中年人只占一小部分，因为10年以后，这批人将成长为南京土壤研究所的科研骨干。在人员确定后，赵其国通过各种渠道，先后安排他们出国学习，前往国外的科研机构，以开阔视野、增长见识、进行交流。有人担心这些人员出国后不会回来，赵其国耐心地解释，并充满信心地告诉大家，即使有 1/3 的人能够回来，这也是一种成功。

20 世纪 80 年代改革开放初期，人们的思想观念还相对保守，一下子要安排这么多人出国访学进修，可以说困难重重。除了要提交各种申请材料，每个人还要准备一大笔出国旅费和在国外的生活费，作为每年只有几百元工资的申请者来说，要靠个人的力量出国交流无异于天方夜谭，只能依靠国家公派才能成行。可是，国家公派的经费也根本没着落，这让赵其国费了不少脑筋。

中国地域辽阔，土壤地理环境在世界上也极为独特。中国的土壤类型丰富，包含了世界上几乎所有已知的土壤类型，同时还有其他国家所没有的土壤种类。尽管美国和苏联的国土面积大于中国的，但它们的主要国土集中在温带和寒温带，在热带和亚热带地区的相对较少。中国的国土从寒温带延伸至亚热带，直至热带，典型的地区如西双版纳和雷州半岛都有土壤分布。此外，中国的黄土高原在世界上几乎是独一无二的，为研究黄土提供了优越的条件。中国的红壤形成于第三纪和第四纪，因此，中国的土壤类型包括红、黄、蓝、白、黑等多种，吸引了外国地质学、生物学和遗传学研究者在选种与选材时纷纷前来考察。

中国的土壤资源丰富多样，赵其国在野外考察时，足迹遍布全国。自 20 世纪 60 年代开始援建古巴科学院土壤研究所以来，他多次参加国外同行组织的学术会议和考察活动，并积极与他们交流。通过这些国际交流，赵其国结识了许多国外土壤科学领域的专家。一有机会，他就会邀请这些外国学者到中国考察和参加学术会议，并在他们回国时，适当地带一两位南京土壤研究所的年轻学者一同前往。不谈做什么研究生，就是做徒弟，他们做什么，年轻学者就跟着做，当学徒，不用发工资，但需要提供必要的生活费用。外国学者到中国参观考察，每年可以来多次，来了之后不需要交任何费用，即使再困难，所里也会安排好考察活动，但是回国的时候需要带一两个中国的徒弟回去。[①]

当时，周光召负责中国科学院人员出国的工作，赵其国多次向他汇报南京土壤研究所的具体想法，以争取他的支持。土壤科学要发展，南京土

---

① 摘自赵其国访谈录音资料整理（七），现藏于中国科学家博物馆。

壤研究所要发展，而发展依赖于人才，培养人才需要资金，中国科学院有众多科研单位，都向中国科学院申请资金，难免僧多粥少、捉襟见肘。南京土壤研究所的人才队伍建设刻不容缓，赵其国便向周光召争取政策支持，告诉他这种培养方式不需要花费南京土壤研究所一分钱。周光召很支持，说这个办法不错，可以这样做，并且要求赵其国和南京土壤研究所率先做出示范。得到中国科学院领导的肯定后，赵其国信心倍增，回到南京土壤研究所以后，每年都按照计划安排一部分人出国学习，以美国、澳大利亚、德国、法国和英国这些比较发达的国家为主。

后来有 20 多人按期回国，成为所里的业务骨干。20 世纪 80 年代初，曹志洪、陈怀满首先去菲律宾国际水稻研究所攻读硕士学位并学成回国，后来因为工作出色，他们分别担任了南京土壤研究所的所长和室主任；蔡贵信在澳大利亚获得博士学位回国，成为南京土壤研究所的博士生导师，至今仍活跃在科研一线；20 世纪 80 年代成长起来的新一代科技人员如张桃林和史学正在德国取得博士学位，张佳宝从菲律宾国际水稻研究所取得博士学位，杨林章在日本取得博士学位，周健民在加拿大取得博士学位，李德成在法国取得博士学位，骆永明在英国取得博士学位，他们学成之后都回到南京土壤研究所，成为科研骨干力量。到 1995 年，全所 40 岁以下的年轻科技人员达 160 人，占全所科技人员的 42.3%。其中，有相当一部分属于从国外学成回国、回所工作的科技人员，也有相当一部分是南京土壤研究所自己培养的博士，当中不少已成为研究室（组）的负责人，还有的在国际土壤学界初有名气，为南京土壤研究所的发展打下了坚实的基础。

三、加强国际交流

改革开放以后，南京土壤研究所的发展进入了一个全新的时期，国际交流与合作得到恢复和加强。赵其国担任所长以后，力推科研人员"走出去"和"请进来"，紧盯国际学术前沿，使南京土壤研究所在土壤科学理论研究中不断取得新的重大进展。他有一个习惯，就是不管是在国内还是在国外，只要开学术会议，回来必定写一个会议综述刊载在《土壤》期刊上，将听到的、看到的国际土壤学研究的最新进展介绍给大家，让未参加会议的人也能迅速了解到学科发展的最新情况。

1979 年 8 月，赵其国和文启孝出访罗马尼亚，虽然在罗马尼亚青年科技大会上做了报告，但产生的影响并不大。1980 年 10 月，南京土壤研究所举办国际水稻土学术讨论会，有 15 个国家的 53 名外国学者参加会议；1983 年 11 月，南京土壤研究所举办国际红壤会议，有 9 个国家的 24 名外宾参加；1987 年，赵其国被选为中国土壤学会理事长，接着进入国际土壤学会任常务理事；1985 年，赵其国带领中国土壤代表团参加在日本召开的第 14 届国际土壤学大会，并在近 1700 人的全会上做报告，影响很大；1986 年 9 月，南京土壤研究所举办国际旱地土壤（热带、亚热带）管理与施肥会议，有来自六大洲的 37 个国家和地区的 103 名外宾参加，是当时南京土壤研究所主持的参加国家最多、国外代表最多的一次国际会议。

其后，赵其国又连续在德国、法国、墨西哥、泰国作为中国代表团团长及成员参加了 4 次国际土壤学会会议。不管参加国际会议有多忙、行程安排得有多紧，赵其国每到一地，都要了解一下在当地大学或科研机构攻读学位或短期进修的南京土壤研究所的青年科技人才的工作、学习与生活情况，帮助他们解决一些实际困难。在海外学习的人往往很少能在相关科研机构见到国内来的人，更别说是南京土壤研究所的领导和老师了，所以看到赵其国风尘仆仆地赶来，坐一坐，聊一聊，哪怕是看一眼，也感到特别温暖，感受到来自组织上的关心，从而更加坚定了学成报国的决心。

1990 年，沈仁芳报考南京土壤研究所博士研究生。当时南京土壤研究所负责研究生工作的陈鹤清建议沈仁芳选择赵其国担任其博士研究生导师，为此沈仁芳专门咨询了自己的硕士研究生导师蒋柏藩。赵其国把沈仁芳安排到当时的南京土壤研究所土壤圈物质循环开放研究实验室，让他做自己比较感兴趣的土壤养分循环方面的工作，主要是接手红壤生态实验站的土壤排水采集器工作，并且让他一定要多请教鲁如坤。对此，沈仁芳回忆道：

> 博士毕业以后，赵老师也没有让我继续跟着他做研究，而是支持我出国做研究，我也顺利去了英国洛桑实验站，做的工作主要是土壤微生物生物量方面的。回国后，赵老师问我，能不能到朱兆良院士的团队工作，想了想，觉着再拓展一下知识面也不错，反正年轻时多学习应该不会错。就这样，我非常幸运地成为赵老师的学生，并在他的

安排下出国学习，回国后又得以有机会在朱兆良院士团队工作。①

2007年12月，经过长期培养和多方面锻炼的沈仁芳被任命为南京土壤研究所常务副所长（主持工作），这与其导师赵其国当初的指导是分不开的。这样的例子不胜枚举，如后来担任红壤生态实验站站长的孙波当时也在博士毕业后被派到国外进修，并在回国后接手了红壤退化治理技术的研究工作。

> 1995年和1999年派我前往法国科研与发展研究所和英国洛桑研究所（原洛桑实验站）做博士后和访问学者。1996年，他在去法国蒙彼利埃开会期间，抽空到研究所看我，询问我在土壤酸化治理研究中的进展，并鼓励我开展土壤酸化和养分淋溶协同过程的研究。2000年，他写信询问我在洛桑实验站的研究进展，鼓励我回国开展红壤退化治理技术的研究。②

此外，赵其国与南京土壤研究所其他科研人员多次当选国际土壤学会有关专业组的主席或副主席，这加强了与国际学术界的交流与联系，使南京土壤研究所的科学研究人员始终活跃在国际学术前沿。

1999年5月30日至6月5日，赵其国作为第4届"日经亚洲奖"的获奖者，应日本经济新闻社邀请，前往东京参加由日本经济新闻社主持的第4届"日经亚洲奖"授奖仪式。这次授奖仪式前后共安排赵其国参加由日本经济新闻社主办的两个会议，一个是亚洲科技会议，另一个是亚洲经济未来会议，并被特邀在第一个会议上第一个做了题为《土壤圈、全球变化及环境质量》的学术报告。正式授奖仪式在6月2日举行，参加人员约200人，包括"日经亚洲奖"评审委员会成员约20人、日本经济新闻社各部门负责人约20人，其余是日本有关经济及科技方面的代表与受奖人有关的专家代表等，其中由日本经济新闻社邀请与赵其国相识的教授及中青年科技专家约15人（包括东京大学、北海道大学、东北大学、日本国际农林水产业研究中心、农业环境所等单位的教授以及南京土壤研究所在日本工作的赵其国指导的两位研究生），以及中国驻日本大使馆李文亮参赞及使馆工作人员、新华社、光明日报社记者等。

参加授奖仪式期间，赵其国与中外同行进行了广泛的结识与学术交流，

---

① 沈仁芳. 2022. 记与恩师赵其国先生二三事. 未发表.
② 孙波. 2022. 纪念老师赵其国先生. 未发表.

增进了土壤研究同人之间的友谊与感情。回国以后，他将 12 500 美元奖金捐给南京土壤研究所，以表达对全所同志长期培养、教育与帮助的感激之情。

四、甘做后辈铺路石

重视人才培养是南京土壤研究所的优良传统。马溶之、熊毅和李庆逵3 人都曾担任过南京土壤研究所的所长或副所长，他们对赵其国都有知遇之恩。尤其是李庆逵，从赵其国 1953 年 8 月进入南京土壤研究所工作以后，9 月就带他到华南参加橡胶宜林地及土壤综合考察，白天在野外工作，晚上为大家上土壤肥料课，有时还通过联合调查，请生态及地理专家教大家有关知识。回到所里以后，李庆逵严格要求每个人亲自将所采标本进行化验，并对数据及报告加以修改，使赵其国等一帮年轻人很快掌握了土壤学专业知识，成为科研业务骨干。到赵其国担任所长时，李庆逵又大力推荐他加入国际土壤学会，并多次带他出国参加国际学术会议。1985 年，赵其国受邀在日本召开的国际土壤学会全会上做报告，报告的文稿也是李庆逵亲自修改定稿的。

1981 年，李庆逵（左三）、赵其国（右二）再次考察橡胶林地，
向当地政府提出加强管理的建议

1991 年，中国科学院学部委员的增选工作重新开展。赵其国参加工作 30 多年来，参加了橡胶宜林地考察、援助古巴、东北荒地调查、黄淮海中低产田改造等国家重大项目，并在中国的红壤发生与退化调控机制研究方面取得重要成果，在国际国内土壤学界都产生了很大影响。当时，南京土壤研究所的青年科技人才队伍经过十多年的建设，断层情况已经得到有效缓解。但是，熊毅、李庆逵等的年龄都大了，特别希望有一位领军人物能够接上来，把南京土壤研究所这副担子挑起来，并且把土壤学研究事业推向一个新的高度。经过综合考虑，南京土壤研究所决定推荐赵其国参加中国科学院学部委员遴选。

赵其国当时很忙，既要管自己科研业务上的事情，还要管全所上上下下大大小小的事情，根本没有多少时间来整理材料。李庆逵和熊毅特别重视，盯着赵其国整理材料，嘱咐他既不要夸大，也不要过分谦虚，要客观地描述所取得的科研成果与工作业绩。大家对赵其国所取得的成就是有目共睹的，1991 年，中国科学院地学部共增选 35 位学部委员，赵其国是土壤学专业第一位参加中国科学院地学部增选的学部委员。

有前辈的榜样，当接力棒交到赵其国手上的时候，他也义无反顾地在土壤专业后备人才培养上倾注心血。他特别重视研究生教育，即使在科研、学术交流、社会活动十分繁忙的情况下，也从来没有中断和放松对研究生的培养工作。赵其国对研究生有三个要求：一是要严，就是严加管理；二是要学，刻苦学习；三是要定，心要定得下来。他还要求在实验室里一定要按化验规程做，亲自洗瓶罐、亲自做实验，绝不能马虎，师兄弟之间要团结友爱、相互交流与帮助。

1981 年 1 月 18 日，赵其国填写"学位研究生指导教师简况表"和"申请授予硕士、博士学位学科方案简表"，报上去以后即着手准备招收、培养研究生的工作。1982 年，他招收了第一位硕士研究生张桃林，此后一直到 2009 年，共招收硕士、博士、博士后研究人员 80 多人。如今，他们有的是部省级领导，有的是国内外知名专家教授，均在不同岗位上为国内外科研与教育事业发展做出了贡献。

1986 年 7 月，赵其国（左二）与研究生在一起讨论问题

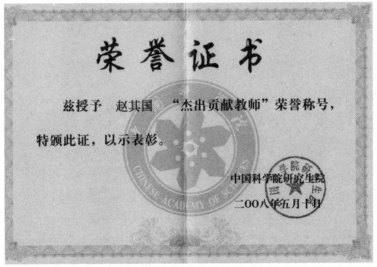

2008 年，赵其国被中国科学院研究生院授予"杰出贡献教师"荣誉称号

除了在南京土壤研究所招收、指导研究生外，赵其国还在南京大学、南京农业大学等学校担任兼职教授，培养土壤方面的后备人才。2002—2008 年，赵其国在南京大学共招收博士研究生 12 人。其中，南京大学 2002 级博士研究生王国梁的毕业论文《城市化背景下不同土地利用方式引起的土壤重金属污染研究》获 2006 年度南京大学优秀博士学位论文，2004 级博士生黄明丽的毕业论文《苏南典型区土壤-作物系统重金属的空间分

布及健康风险评价研究》被学院推荐申报南京大学优秀博士学位论文。

无论是在学业还是在生活上，赵其国都特别关心学生。他对学生说，做人需要"两要"：一是要有智慧，用脑袋思考事业与人生；二是要有情操、高尚的道德，热爱集体，热爱家庭，要二者兼顾，不可偏废。

结　语

　　自 20 世纪 50 年代初，赵其国就开始从事我国及世界土壤资源、农业开发及农业可持续发展的研究。他领导了华南、华中、西南、东北和华北的农业开发及资源考察，并对我国及全球热带、亚热带农业发展及土壤资源持续利用，特别是对热带土壤发生分类、资源评价等进行了系统和深入的研究。他首次提出了我国热带土壤具有古风化和现代红壤化两种对立过程，并提出了红壤分类新指标；首次系统总结了我国红壤资源开发利用途径；提出了以橡胶为主发展热带作物的土壤学依据，为我国红壤发生分类与资源评价提出了新途径。

　　此外，他在热带土壤现代成土过程、相对与绝对年龄、南方与黄淮海平原土壤资源开发评价等研究中发挥了重要作用，取得了显著成就，对学科发展与生产实践做出了新贡献，并因此获得了国内外同行的嘉奖和好评。自 20 世纪 90 年代以来，他对农业与环境、农业清洁生产与健康、农业生态与可持续发展等开展了研究，并取得了突出成就；提出并逐步完善了"土壤圈层"的理论及研究方法，最早在国内倡导和开展土壤质量的研究，对现代土壤学的发展做出了突出贡献。

　　"老骥伏枥，志在千里"，进入 21 世纪以后，他又进一步推动生态高值农业、功能农业理论与实践研究，为中国人从"吃得饱""吃得好"向"吃出健康"转变贡献了自己的力量。

一

为了打破外国对华封锁，加强国防建设，中央发出"一定要建立我们自己的橡胶生产基地"的号召。赵其国于1953年大学毕业后便参加了具有战略意义的全国橡胶宜林地调查工作，在老科学家的带领与指导下，深入雷州半岛、海南岛、西双版纳等深山密林区开展工作，1958年开始担任考察队的领导。通过10年之久的野外调查研究，总结了以橡胶为主的热带作物开发利用与土壤分布、性质的相互关系，为制定热带作物发展规划与布局，特别是对橡胶树在我国北纬15°以北种植的理论，提供了科学依据。

为了解决中国的粮食问题，20世纪70年代初，周恩来总理曾亲自部署向"北大荒"要粮的任务。赵其国作为荒地资源考察队队长，连续工作了6年，对全区80万平方公里的土壤资源及荒地进行了详查，科学论证了全区土壤资源的数量与质量，提出了划分荒地开垦的标准，对4000万亩荒地开垦的难易程度及其顺序提出了具体建议，并进行了定点试验研究与示范推广，5年内开垦荒地250万亩，增产粮食10亿千克。赵其国等人编撰完成了专著《黑龙江省与内蒙古自治区东北部土壤资源》，获中国科学院自然科学奖二等奖。

"六五"和"七五"期间，在国家号召开发黄淮海平原时，赵其国承担并领导了国家攻关项目——"黄淮海平原豫北地区中低产田综合治理开发研究"和"天然文岩渠流域综合治理战略方案研究"，其成果获中国科学院科技进步奖特等奖和国家科学技术进步奖二等奖。

二

赵其国先后主持了多项红壤地区的国家攻关任务与国家自然科学基金重点项目，系统地研究了红壤的形成及其退化机理与调控对策。通过长期研究，首次明确了我国红壤具有古风化过程及现代红壤化过程两种对立统一的特征；提出了红壤元素迁移的顺序、红壤化过程目前仍在进行的论据，以及红壤相对年龄与绝对年龄的范围；指出了运用渗透水组成、游离铁等作为红壤化过程指标的重要性，并首次制定了红壤定量分类的区分标准，对红壤发生研究与定量分类提出了新途径。

赵其国提出了"土壤圈层"的理论及研究方法，并成功地将其运用于红壤物质循环与红壤退化的研究。在系统总结红壤 50 余年的系列研究成果的基础上，他主编了《红壤物质循环及其调控》《中国东部红壤地区土壤退化的时空变化、机理及调控》两本专著，首次系统论述了我国红壤的发生、利用与退化，对国际热带、亚热带土壤资源和土壤退化科学研究做出了重要贡献。

除理论成就外，在长期主持与领导红壤生态实验站的工作中，赵其国还建立了红壤退化防治及恢复技术体系，提出并构建了"顶林-腰果-谷农-塘鱼"立体布局和红壤综合开发利用优化模式。据不完全统计，2000—2002年，这种模式在赣、湘、闽等省的应用面积约 220 万公顷，新增产值约 130亿元，新增利润约 12 亿元，带动了地方农业结构的调整和特色农业的发展，加快了水土流失治理和土壤肥力的恢复。2005 年，他指导并参与了国家南方 8 省份"水土流失与生态安全"科学考察。"中国红壤退化机制与防治"成果荣获 2004 年国家科学技术进步奖二等奖。

三

早在 1996 年，赵其国就针对长江三角洲地区农业集约化、工业化和城市化快速发展对水土资源与农业生产的影响问题，率先组织中国科学院院士及专家，并带队在长江三角洲地区进行实地调研，形成了《长江三角洲地区水土资源与农业环境可持续发展》等多份咨询报告，为长江三角洲及全国农业安全生产和持续发展提供了战略性指导思想和研究策略。

他还多次组织并领导东南沿海经济发达地区的农业可持续发展问题与对策的重大咨询与研究工作。自 2001 年开始，他受中国科学院与国家发展和改革委员会委托，先后三次组织"中国沿海快速发展地区水土资源综合管理与农业可持续发展""经济快速发展地区生态环境质量现状与对策""东南沿海经济发达地区可持续发展的问题和对策"等重大科学考察与咨询活动，并组织召开了"中国沿海地区水土资源与农业可持续发展"国际研讨会和"经济快速发展地区可持续发展问题与对策"香山科学会议。《东南沿海经济快速发展地区环境污染状况及其对策》的咨询报告，得到了国务院副总理曾培炎的重要批示；《东南沿海经济发达地区可持续发展问题与对策》的重大咨询报告,被国家发展和改革委员会直接采纳,应用于国家"十一五"发展规划,有关区域可持续发展方面的重要科学咨询意见,被科学技术部采纳,列入国家重点基础研究发展规划项目的重要支持方向。

此外,他还率先向国家建议开展"土壤质量演变规律与持续利用""东南沿海经济快速发展地区环境质量演变机制与调控原理"的基础研究工作,促成了两个973计划项目的立项,为开展全国和区域农业与环境可持续发展的基础研究做出了突出贡献。

四

赵其国十分关心江苏省的农业发展和农业科技进步情况,并利用他几十年积累的学识和经验,为江苏省的农业经济发展做出了重要贡献。

1997年12月和2000年7月,他分别就"江苏农业发展""江苏农业可持续发展"所做的报告,得到了江苏省副省长姜永荣的高度评价和充分肯定。他主持起草的《关于实施江苏农业可持续发展战略问题研究的建议》被江苏省有关部门采纳。

1998年初,他提出的"对江苏农业可持续发展开展深化研究"建议得到了江苏省政府的批准,并由他组织和领导了课题的实施。2001年,他又向江苏省政府提出"开展农产品清洁生产创新研究"的建议,得到江苏省领导的高度重视并批准立项。作为项目领导小组的顾问,他多次解决了课题研究中的关键问题,其创造性劳动为项目顺利完成起了决定性的作用,为江苏省农产品清洁生产的顺利开展提供了理论与实践依据。

五

1996—1998年,赵其国等10位院士向国家提出了开展长江三角洲地区可持续发展若干重大问题的咨询调研,该建议被国家计划委员会正式立项并实施。赵其国负责领导了农业可持续发展问题的咨询调研。提交的《长江三角洲农业持续发展问题》咨询报告,得到了中共中央、国务院有关领导的充分肯定,并为中央在农业问题方面的决策提供了科学依据。

2000—2012年，赵其国一直担任在苏中国科学院院士咨询委员会主任。近年来，在他的领导下，在苏中国科学院院士咨询委员会对江苏省沿海、沿江开发开展了多次咨询调研，有关咨询报告分别得到江苏省省长梁保华、省委副书记任彦申，以及南京市委书记罗志军、副书记杨植等领导的重要批示。在咨询活动中，他直接领导了对江苏省沿海滩涂、湿地农业、生态环境和观光旅游的开发利用与保护规划的论证和咨询工作，对南京市城区和郊区的土壤污染情况及环境质量问题进行了较深入的调研与咨询论证，对南京市环境污染的治理和郊区农业土地利用的调整提出了建设性的建议，这些都得到了地方政府的充分肯定。

六

人的一生是短暂的，但如何使这短暂的一生放射出久远的光辉，赵其国认为这是可以由自己来安排的。作为一名中国人、一名中国的知识分子，因为自己的努力为社会所接受，为祖国的繁荣昌盛添了砖加了瓦，他感到由衷的自豪和欣慰。虽然出生在一个富裕家庭，但因家道败落，父母离异，赵其国从小由姑妈抚养成人。上大学以后，他一直要求上进，逐步成长为我国土壤学科的领军人才。对于取得的成绩，他把这一切归结于党和国家对自己的培养，认为自己在政治与业务上的成长是与党的教育和培养分不开的。他说："我上大学与参加工作的梦想和机会是党给我的，我政治觉悟及科研水平的提高是党教育培养我的，我工作的魄力与克服困难的勇气是党鼓励我的。每当我面对成就与奖励时，想起我是共产党员，我会谦虚谨慎，每当我面对工作失败与挫折时，想起我是党员，我会鼓足勇气加以克服。"[1]工作几十年以来，随着国家社会形势的变化，赵其国在工作上遇到过很多困难，无论是在祖国的高山、荒原、湿地和丛林中进行考察，还是在古巴攀登马埃斯特腊山时，一想到党的教导，他就会鼓起克服困难的勇气。1959年，赵其国在南京土壤研究所光荣加入中国共产党，曾当选党的十三大、十四大、十五大代表，成为在党的领导和教育下成长起来的优秀知识分子代表。

———————————

[1] 赵其国. 2001. 永远忠诚党的事业. 科学时报，2001-06-29：第1版.

主要参考资料

《当代中国》丛书编辑部. 1991. 当代中国的科学技术事业. 北京：当代中国出版社.

董光璧. 1997. 中国近现代科学技术史. 长沙：湖南教育出版社.

樊洪业. 1999. 中国科学院编年史（1949～1999）. 上海：上海科技教育出版社.

《科学家传记大辞典》编辑组. 1994. 中国现代科学家传记. 第六集. 北京：科学出版社.

李佩珊，许良英. 1999. 20 世纪科学技术简史. 2 版. 北京：科学出版社.

吴国盛. 2002. 科学的历程. 2 版. 北京：北京大学出版社.

张剑. 2008. 中国近代科学与科学体制化. 成都：四川人民出版社.

赵其国. 1980. 县级土壤资源调查和土壤区划——以广东省博罗县为例. 土壤，（5）：161-168.

赵其国. 1986. 当前我国土壤学研究所面临的任务. 土壤，18（4）：186-188.

赵其国. 1987. 奋力开展土壤研究立志攀登世界高峰. 土壤通报，18（1）：1-6.

赵其国. 1987. 土壤学发展趋势与青年土壤科技工作者的任务. 土壤，（2）：57-61.

赵其国. 1988. 我国土壤资源的保护与合理利用. 土壤通报，（1）：14-16.

赵其国. 1988. 我国中低产土的类型分布与治理开发途径. 土壤，（6）：

281-285.

赵其国. 1989. 黄淮海平原水土资源特点及节水农业技术. 人民黄河，5：9-12.

赵其国. 1989. 为繁荣我国土壤科学事业而继续努力——为庆祝建国 40 周年而作. 土壤，（4）：169-173.

赵其国. 1989. 中国土地资源及其利用区划. 土壤，（3）：113-119.

赵其国. 1991. 90 年代的土壤科学. 土壤通报，（4）：17-20.

赵其国. 1991. 土壤圈物质循环研究与土壤学的发展. 土壤，（1）：1-3，15.

赵其国. 1991. 土壤退化及其防治. 土壤，（2）：57-60.

赵其国. 1991. 依靠科学技术 开拓农业发展新时代. 农业现代化研究，12（6）：1-3.

赵其国. 1992. 关于"二十一世纪全球环境与发展议程". 土壤，（2）：113-115.

赵其国. 1992. 我国红壤现代成土过程和发育年龄的初步研究. 第四纪研究，（4）：341-351.

赵其国. 1993. 黄淮海平原土壤肥料研究论文集. 北京：中国科学技术出版社.

赵其国. 1993. 豫北淮北苏北地区农业综合治理开发技术专题研究. 北京：科学出版社.

赵其国. 1993. 中国科学院南京土壤研究所 40 年. 土壤，（4）：169-175.

赵其国. 1994. 土壤圈及其在全球变化中的作用. 土壤，（1）：4-7.

赵其国. 1995. 土壤圈：土壤圈物质循环与农业和环境. 南京：江苏科学技术出版社.

赵其国. 1995. 为跨世纪土壤学的发展作出新贡献——第 15 届国际土壤学会会议综述. 土壤学报，32（1）：1-13.

赵其国. 1996. 从现代土壤学看江苏省农业持续发展中的问题. 土壤，（4）：169-175.

赵其国. 1996. 现代土壤学与农业持续发展. 土壤学报，33（1）：1-12.

赵其国. 1996. 中国土壤学学科发展战略研究报告. 地球科学进展，11（2）：151-159.

赵其国. 1997. 土壤圈在全球变化中的意义与研究内容. 地学前缘，4

（1-2）：153-162.

赵其国.1998.我国农业可持续发展问题初探.农业现代化研究，19（5）：267-271.

赵其国.2001.21世纪土壤科学展望.地球科学进展，（5）：704-709.

赵其国.2001.重视农业"安全质量"，加强农业"清洁生产".土壤，（5）：225-226.

赵其国.2005.民以食为天食以净为本——论江苏省农产品清洁生产创新研究.土壤，37（1）：1-7.

赵其国.2009.土壤科学发展的战略思考.土壤，41（5）：681-688.

赵其国.2010.生态高值农业是我国农业发展的战略方向.土壤，42（6）：857-862.

赵其国.1992.我国土壤调查制图及土壤分类工作的回顾与展望.土壤，（6）：281-284.

赵其国，等.2002.红壤物质循环及其调控.北京：科学出版社.

赵其国，等.2002.中国东部红壤地区土壤退化的时空变化、机理及调控.北京：科学出版社.

赵其国，黄国勤，钱海燕.2007.生态农业与食品安全.土壤学报，44（6）：1127-1134.

赵其国，李庆逵.1987.中国主要农业土壤的集约耕作.土壤学报，（1）：1-7.

赵其国，刘良梧.1990.我国土地资源在人为利用条件下的变化及其对环境的影响.土壤，（5）：225-229.

赵其国，骆永明，滕应，等.2009.当前国内外环境保护形势及其研究进展.土壤学报，46（6）：1146-1154.

赵其国，骆永明.2000.开展我国东南沿海经济快速发展地区资源与环境质量问题研究建议.土壤，（4）：169-187.

赵其国，钱海燕.2009.低碳经济与农业发展思考.生态环境学报，18（5）：1609-1614.

赵其国，王明珠，何园球.1991.我国热带亚热带森林凋落物及其对土壤的影响.土壤，（1）：8-15.

赵其国，吴志东.1999.继往开来，迎接21世纪对土壤科学的挑战.土壤，（5）：225-243.

赵其国, 吴志东. 1999. 深入开展"土壤与环境"问题的研究. 土壤与环境, 8 (1): 1-4.

赵其国, 谢为民, 贺湘逸, 等. 1988. 江西红壤. 南昌: 江西科学技术出版社.

赵其国, 杨浩. 1995. 中国南方红土与第四纪环境变迁的初步研究. 第四纪研究, (2): 107-116.

赵其国, 周建民, 董元华. 2001. 江苏省农业清洁生产技术与管理体系的研究与试验示范. 土壤, (6): 281-285.

赵其国, 周健民, 沈仁芳. 2010. 面向不断变化世界, 创新未来土壤科学——第19届世界土壤学大会综合报道. 土壤, 42 (5): 681-695.

赵其国, 周健民. 2007. 为不断开拓与创新土壤学研究新前沿而努力奋进——第18届国际土壤学大会情况综合报道. 土壤, 39 (1): 1.

赵其国, 周应恒, 耿献辉. 2008. 我国现代农业发展路线与发展战略. 生态环境, 17 (5): 1721-1727.

赵其国日记 (部分). 现藏于中国科学家博物馆.

赵其国野外考察笔记 (23册). 现藏于中国科学家博物馆.

中国科学技术协会. 1993. 中国科学技术专家传略·农学编·作物卷1. 北京: 中国科学技术出版社.

中国科学技术协会. 1999. 中国科学技术专家传略·农学编·作物卷2. 北京: 中国农业出版社.

中国科学院南京土壤研究所黑龙江. 1982. 黑龙江省与内蒙古自治区东北部土壤资源. 北京: 科学出版社.

R. 麦克法夸尔, 费正清. 1990. 剑桥中华人民共和国史——革命的中国的兴起 (1949—1965年). 谢亮生, 杨品泉, 黄沫, 等译. 北京: 中国社会科学出版社.

附　录

附录一　赵其国院士年谱

1930 年，出生
3 月 24 日（农历二月二十五），出生于湖北武汉。

1931 年，1 岁
过一周岁生日时，家中设宴款待众多来宾。

1932 年，2 岁
家境尚优，但父母经常吵架，在两位姑妈悉心照料下成长。

1933 年，3 岁
父亲长期在外，家中事务由大姑妈赵竞立主持，家里经济条件越来越差，生活变得拮据起来。

1934 年，4 岁
2 月，入汉口圣保罗幼稚园。

1935 年，5 岁
在汉口圣保罗幼稚园学习。

1936 年，6 岁
9 月，入汉口扶轮小学一年级读书。

1937 年，7 岁

6月，在汉口扶轮小学肄业。

8月，日本入侵武汉前夕，父亲托人将其带往重庆，投靠先期到达重庆安顿的两位姑妈，从此一直在大姑妈身边生活，在战乱中过着颠沛流离的生活。

9月，随大姑父、大姑妈一家人等由重庆转至四川宜宾，进入宜宾县东城镇中心小学二年级读书。

1938 年，8 岁

9月，在宜宾县东城镇中心小学三年级读书。

1939 年，9 岁

9月，在宜宾县东城镇中心小学四年级读书。为躲避日本军队轰炸，开始在学校住宿，逢月底才回城里大姑妈家一次，生活极其艰苦。

1940 年，10 岁

9月，在宜宾县东城镇中心小学五年级读书。

1941 年，11 岁

9月，在宜宾县东城镇中心小学六年级读书。

1942 年，12 岁

2月，从宜宾县东城镇中心小学毕业。

6月，进入宜宾县县立第一中学初中一年级读书。

1943 年，13 岁

2月，在宜宾县县立第一中学初中肄业。

6月，因大姑父工作地点调整到重庆，随大姑父、大姑妈一家人等由宜宾回到重庆，转入广益中学读书。平时在学校住宿，只有节假日才到大姑妈家。

1944 年，14 岁

在广益中学读初中。

1945 年，15 岁

2月，从广益中学初中毕业。

6月，进入广益中学高中一年级学习。

1946 年，16 岁

6月，在广益中学高中二年级继续学业。

1947 年，17 岁

5 月，在广益中学高中肄业。

7 月，随大姑父、大姑妈一家人等由重庆返回武汉，在伯父、叔父们的帮助下，进入上智中学高中三年级继续学习。

1948 年，18 岁

6 月，从上智中学高中毕业。武汉 5 月 16 日刚刚解放，形势还不很明朗，就在家自修，准备报考大学。

1949 年，19 岁

9 月，在汉口参加高考，分别考取武汉和北京的大学，因为大姑妈担心北京离家太远，遂选择在武汉读大学，进入武汉大学农艺系学习。

1950 年，20 岁

春，被选进武汉大学学生会，担任武汉大学第二届学生会康乐部副部长、执委，负责全校的体育工作，同时兼任农学院体育干事。

7 月 1 日，在武汉大学农学院，经罗芰农介绍，加入中国新民主主义青年团。

1951 年，21 岁

4 月，担任武汉大学团委宣传员。

春，担任武汉大学第四届学生会体育部部长、常委，负责全校的学生体育工作，同时兼任农学院康乐干事。

6 月，加入武汉大学中苏友好协会，成为协会会员。

1952 年，22 岁

9 月，在武汉大学农艺系肄业。

10 月，进入华中农学院农学系继续学习，担任该系第一届学生会主席，系团支部委员兼团支部书记。正式向农学院党组织递交入党申请书。

1953 年，23 岁

8 月，从华中农学院农学系毕业后，被分配到南京土壤研究所工作，任研究实习员。

9 月，与何全海、邹国础等一起参加雷州半岛生物资源调查。

1954 年，24 岁

3—10 月，参加海南岛及雷州半岛橡胶宜林地调查。

12 月，参加南京土壤研究所组织的俄文培训班，突击学习俄语。

1955 年，25 岁

2—10 月，在粤西及广东东南部调查。

1956 年，26 岁

晋升为助理研究员。

3—6 月，在粤西六县进行深入调查。

7—10 月，与苏联专家格拉西莫夫、科夫达等在海南岛考察。

1957 年，27 岁

5 月，与张俊民、邹国础、韦启璠和龚子同等人一起在云南金沙江河谷考察。

6—10 月，在李庆逵、黄瑞采、任美锷等人带领下，一起沿云南昆洛公路考察景观及生物资源。

1958 年，28 岁

2 月，在北京外语学院学习俄语，前后 4 个月。

10 月，参加中国科学院云南热带生物资源综合考察队，为期 3 个月，担任综合考察队副队长，开展云南西双版纳地区橡胶等热带作物发展及宜林气候条件的普查。

1959 年，29 岁

5 月，在南京土壤研究所加入中国共产党。

2—10 月，参加并领导在云南及江苏部分地区开展的全国第一次土壤普查。

1960 年，30 岁

2 月，参加苏联生物地理群落专家组考察，并在考察基础上，在西双版纳地区开展热带作物长期定位观测研究，前后持续 8 个月。

6 月，受到中国科学院云南综合考察队"红旗手"表彰。

1961 年，31 岁

1 月，继续在云南西双版纳进行综合考察。

5 月，在广西南宁参加综合考察总结会议，再次受到中国科学院云南综合考察队"红旗手"表彰。

1962 年，32 岁

1 月，在天津参加综合考察会议。

2—8 月，在云南进行热带作物定位观测任务的同时，组织国际边境地带热带原始林调查，历时半年。

1963 年，33 岁

3 月，担任南京土壤研究所云南红壤定位点课题组组长，继续在云南开展定位观测。

1964 年，34 岁

2 月，首次随马溶之赴古巴，与古巴科学院商谈援助与合作计划，另有陈家坊、鲁如坤二人同行。

9 月，去云南西双版纳撤点，结束热带作物定位观测任务。

1965 年，35 岁

2 月，随李庆逵等第二次到古巴，正式按双方协议开展工作。李庆逵担任专家组组长，帮助古巴科学院建设土壤研究所，对古巴的土壤状况进行全面考察，培养研究人才。

1966 年，36 岁

5 月，李庆逵回国后，接替他担任古巴土壤专家组组长。

协助古巴政府组建土壤研究所，先期与古巴科技人员共同组建古巴土壤研究所 5 个实验室。其中，与刘兴文一起负责建设土壤资源及调查室，土壤化学实验室由朱兆良和赵家华负责，土壤物理实验室由程云生负责，土壤微生物实验室由沈峻负责，温室由罗志超负责。各组除在室内开展研究工作外，还需要进行野外调查和采集标本。

1967 年，37 岁

4 月，由古巴回国，在南京土壤研究所短期休假。

6 月，第三次回到古巴，继续工作。

1968 年，38 岁

继续考察古巴中部及高山区，平均海拔 2600 米。

年底，开始进行全面总结，按计划完成《古巴 1∶25 万土壤图》及《古巴土壤》（西班牙文）初稿。

1969 年，39 岁

1 月 3 日，由古巴启程回国。

1970 年，40 岁

1 月，全家被下放到江苏省泗阳县王集公社南园大队路西生产队。

3 月，被派到大队部出公差并参加劳动，前后半年时间。

1971 年，41 岁

1 月，参加王集公社"一打三反"学习运动，担任宣传队委员。

2 月，在公社各个大队轮流参与并领导开展"一打三反"学习运动，经常数日不归。

抽时间参加新建草房的劳动，在当地政府的帮助和大队的支持下，经过半年，在生产队里盖了两间草房，全家终于搬进了新居。

1972 年，42 岁

2—12 月，继续参加宣传队的活动及公社组织的各种会议、学习与讨论，回家即参加劳动。

1973 年，43 岁

1 月 18 日，接到调回南京的调令。

3 月 21 日，到南京土壤研究所报到。

4 月 2 日，开始在南京土壤研究所上班。

5 月 14 日，担任南京土壤研究所黑龙江荒地考察队队长。带队到哈尔滨以后，参加中国科学院与黑龙江省的综合考察队，并担任分队队长，开始进行黑龙江省荒地资源考察。

1974 年，44 岁

6 月，带领南京土壤研究所黑龙江考察队共 14 人，继续在黑龙江黑河地区北三县进行荒地资源考察，到 10 月底结束返回南京。

1975 年，45 岁

5 月，带领南京土壤研究所黑龙江考察队共 16 人，继续在黑龙江黑河地区进行荒地资源考察，并进行黑河地区总结，到 9 月返回南京。

12 月 25 日，介绍王明珠、金聚玉二人加入中国共产党。

1976 年，46 岁

6 月 1 日，连续第四年去黑龙江省大小兴安岭及佳木斯地区进行全区荒地资源考察，共 4 人，主要是进行工作总结。

1977 年，47 岁

2 月 1—10 日，在北京参加中国科学院召开的支农会议。

6 月，在黑龙江东部的牡丹江地区进行全区荒地资源考察，并开始进行几年来黑龙江全省考察资料的汇总工作，到 11 月中旬返回南京。

1978 年，48 岁

2 月 27 日，因为参加黑龙江荒地资源考察成绩优秀，被南京土壤研究所评为先进个人，带领的黑龙江荒地资源考察队被评为先进集体，并获颁奖状和奖杯。

3 月 18 日，《新华日报》刊登文章《向荒地进军的先锋战士——记全国科学大会代表、南京土壤研究所赵其国同志》。

3 月 18—31 日，和李庆逵一起在北京参加全国科学大会。在大会上获得中国科学院对"黑龙江大兴安岭黑河地区土壤资源评价"颁发的重大成果奖状。

5 月 10—15 日，参加江苏省科学大会，在会上，黑龙江荒地考察队获得全省先进集体奖。

5 月 15 日，晋升为副研究员。

5 月 16—24 日，参加在江苏南京江宁召开的中国土壤学会理事会暨土壤分类学术交流会，和龚子同、曾昭顺、林培和王人潮等，共同起草了《中国土壤分类暂行草案》，把发生分类和我国土壤实际结合起来，充实了水稻土分类，明确了潮土、灌淤土和娄土等为独立土类，结束了长达 20 年的"耕作土壤"和"自然土壤"之争。

6 月 12 日，赴黑龙江东部的绥化及嫩江地区补充进行全区荒地资源考察，一直工作到 8 月底。

6 月 20 日，经江苏省科学技术委员会批准，担任南京土壤研究所土壤地理研究室副主任，兼土壤资源及红壤发生分类与区划课题组组长。

1979 年，49 岁

5 月，到黑龙江完成《龙江省荒地资源考察》报告并进行全面总结。

8 月 23 日，与文启孝一起先到北京参加出国前培训；25 日由北京出发，乘机前往罗马尼亚布加勒斯特，8 月 27 日开会，9 月 1 日结束，为期一周。会后考察，9 月 14 日回到北京，参加总结汇报，9 月 21 日返回南京。

12 月 10—24 日，参与接待来我国访问的南斯拉夫马其顿科学院副院长格·菲利波夫斯基（Georgi Filipovski）院士和波黑科学院秘书长米·契里奇（Milivoze Ciric）院士。

1980 年，50 岁

1 月 9 日，到广州参加国家农业委员会召开的以热带资源为主的区划

工作会议，接受海南考察任务（6—7月），并去广东博罗县联系具体工作
计划。

2月25日—3月5日，在江西参加红壤会议，与会的还有李庆逵、石
华、何电源和谢建昌。会议期间，确定参加"南方十二省土壤区划"工作
并编写土壤区划报告，计划于11月底完成。

3月20日—6月25日，主持国家重点农业区划试点县之一的"广东省
博罗县农业自然资源调查和农业区划的研究"，与广东省土壤研究所一起，
在广东博罗县进行全县土壤资源及土壤区划调查，并协助开展土壤普查。

10月4日，与石华、王明珠一起去江西参加全国红壤十二届区划汇
总会议。

11月16—25日，邀请并接待美国康奈尔大学万贝克（A.van.Wambeke）
教授来南京土壤研究所访问。

1981年，51岁

2月13日—3月11日，与朱显谟一起应邀参加联合国环境规划署与
联合国粮食及农业组织在罗马召开的"世界土壤政策"专家会议。

6月3日—7月8日，随李庆逵在云南、广西、广东、海南等地考察，
石华、龚子同一起参加。

7月14—15日，接待以美国农业部自然资源评价及土壤保持局副局
长麦克拉肯（R.J.McCracken）教授为团长的美国专家一行6人来南京土
壤研究所参观访问。

9月18日，南京土壤研究所召开所务会议，会上，熊毅宣布中国科
学院8月17日批文，与鲁如坤、龚子同三人一起被任命为南京土壤研究
所所长助理，主要负责所里的学术活动及图书情报方面的管理。

10月14—28日，与李庆逵一起从上海乘飞机赴日本筑波，参加"国
际不良土壤改良利用"会议，共有来自12个国家的近200名代表参加。
其中，14—18日，应日本土壤科学会邀请，到北海道、札幌考察。

1982年，52岁

2月24日—3月12日，赴江西余江县进行南方十一省土壤区划第四
次汇总。

6—10月，带领南京土壤研究所资源考察队与江西红壤研究所合作，
对红壤集中分布的江西省开展近80个县的土壤调查，采集186个剖面752

个样品，进行了两万多项（次）的理化分析。

1983 年，53 岁

8 月 29 日，晋升为研究员。

9 月 6 日，担任南京土壤研究所所长，任期三年，石华任书记。

11 月 14—19 日，主持由南京土壤研究所举办的国际红壤会议，会后组织与会人员到中国南方考察。

11 月 27 日—2 月 3 日，在西安参加中国土壤学会第五次全国会员代表大会，当选第五届中国土壤学会常务理事，李庆逵任理事长。

1984 年，54 岁

2 月 7 日，获竺可桢野外科学工作奖。

8 月 10 日，担任中国科学院第二届学位委员会委员。

9 月 16 日—10 月 6 日，应英国皇家学会邀请，对英国洛桑实验站、乃特康比实验室、麦加里土壤研究所、阿阿丁大学和雷丁大学土壤系等单位进行访问考察，主要了解英国土壤排水采集器的装置应用、土壤学研究的新技术和新进展。

10 月 7 日—11 月 4 日，应联邦德国马克思·普朗克科学促进学会（简称马普学会）邀请，在联邦德国进行土壤科学考察。其间，先后参观 14 个土壤和植物营养研究所。

1985 年，55 岁

4 月 7 日，到河南新乡参加中国科学院召开的黄淮海攻关战略工作会议，黄淮海攻关战略工作即将在全院展开，土壤研究所部署在封丘站。

9 月 15 日，任《土壤》期刊主编。

1986 年，56 岁

2 月，被带动人事部批准为"国家有突出贡献中青年专家"。

3 月 10 日，担任中国土地学会常务理事。

4 月 14 日—5 月 5 日，应澳大利亚联邦科学与工业研究组织邀请，先后访问澳大利亚土壤研究所、森林研究所、灌溉研究所和土地资源研究所等 12 个单位，并在相关城市远郊进行野外调查，与澳方同行就土壤研究项目、学术进展和科技人员互访等问题进行了广泛的交流。

8 月 21—27 日，第一次作为中国土壤学会代表团团长，出席在德国汉堡举办的第 13 届国际土壤学会，并当选国际土壤学会盐渍土分委会主席。

11 月 26 日，担任南京土壤研究所所长，石华任书记，马毅杰、刘才勇任副所长。

1987 年，57 岁

7 月 20 日—8 月 6 日，到日本参加第 9 次国际火山灰分类工作讨论会，共有来自 16 个国家的 57 名代表参加。

8 月 20 日，南京土壤研究所土壤圈物质循环开放研究实验室正式成立，兼任首任主任。

10 月 25 日—11 月 1 日，作为正式代表参加中国共产党第十三次代表大会。

11 月 5—11 日，参加在江西南昌召开的中国土壤学会第六次全国会员代表大会，当选中国土壤学会理事长，任期至 1995 年结束。

1988 年，58 岁

3—5 月，牵头启动黄淮海农业开发治理工作。

4 月 24 日，当选江苏省劳动模范。

6 月 13—29 日，应邀出访南斯拉夫、联邦德国、比利时、法国四国。

9 月 22 日—11 月 1 日，应邀到美国阿拉斯加、林肯、马里兰、新英格兰、华盛顿、北卡罗来纳、加拿大西部等地考察，参加灰化土国际会议并考察美国的灰化土带。

1989 年，59 岁

2 月，提出创办英文版土壤学刊物的建议，并定名为 *Pedosphere*。

8 月 29 日—9 月 6 日，应以色列国际农业研究合作中心邀请，访问以色列农业科学院土壤和水分研究所，参观耶路撒冷希伯来大学农学院、海法科技大学等单位。

10 月 17 日—10 月 31 日，应邀参加在美国拉斯维加斯召开的美国土壤学会年会。

1990 年，60 岁

1 月 10—15 日，应邀与鲁如坤赴法国考察磷肥生产企业，并商定进一步的合作计划。

5 月，参加南京土壤研究所封丘站黄淮海农业开发治理工作总结验收会议。

8 月 6—20 日，作为代表团团长，带领中国土壤学会代表团，赴日本京都参加第 14 届国际土壤学大会，在会上做报告《中国农业发展前景》。在此次会议上，当选国际土壤学会国际盐渍土分委会主席、国际土壤学会东亚及东南亚土壤协会副主席、国际土壤学会环境委员会第一副主席，并被授予道库恰耶夫奖章和证书。

12 月—7 日，在南京主持召开亚太地区国际红壤会。

1991 年，61 岁

7 月，参加在奥地利首都维也纳由国际科学理事会举办的"21 世纪环境与发展议程"国际会议。

8 月 18—21 日，赴意大利西西里岛参加"全球危机"学术讨论会。

9 月 8—14 日，赴香港参加"中国红壤问题"讨论会。

10 月 16—26 日，在湖南长沙参加中国土壤学会第七次全国会员代表大会，再次当选中国土壤学会理事长。

11 月，当选中国科学院院士（学部委员）。

1992 年，62 岁

2 月 11—26 日，应邀与俞仁培、祝寿泉等到泰国曼谷参加国际盐渍土会议。

6 月 22 日—7 月 8 日，参加中国科学院地学部组织的三峡考察活动。

9 月 14—19 日，在南京土壤研究所主持召开国际水稻土会议。

9 月 27 日—10 月 11 日，应邀分别到匈牙利布达佩斯参加国际土壤修复与土地持续利用会议，到英国参观洛桑实验站，在英国悉尼参加国际数据库会议。

10 月 12—18 日，在北京参加中国共产党第十四次全国代表大会。

11 月 5—27 日，分别到日本、墨西哥、美国、荷兰等国参加会议。

12 月 18—31 日，应台湾土壤肥料学会邀请，在台湾大学农业化学系、中兴大学土壤系、台湾农业试验所、台南农业改良分场等 11 个单位开展学术交流活动。

1993 年，63 岁

2 月 23—3 月 18 日，与鲁如坤应邀赴法国巴黎参加磷肥资源开发与利用学术会议。

7 月 12 日—8 月 5 日，赴美国参加国际北极圈考察队在阿拉斯加开展的考察活动。

9 月 22—29 日，应邀到印度参加印度国际红壤会，被授予"印度土壤学会荣誉会员"证书。

12 月，担任 *Pedosphere* 主编。

1994 年，64 岁

5 月 21—30 日，应邀赴美国参加科罗拉多大学举办的"全球碳变化"会议。

7 月 11—18 日，作为中国土壤学会代表团团长，出席在墨西哥阿卡普尔科举办的第 15 届国际土壤科学大会，在会上当选国际土壤学会盐渍土分委员会主席。

10 月 6—10 日，应邀到韩国参加"国际与亚太地区自然农法"常委会会议，担任第六届常务委员。

11 月 2—5 日，在北京参加国际盐土会议。

1995 年，65 岁

2 月 21—25 日，应邀到日本筑波市参加日本农业与环境技术研究所组织的"土地利用"会议。

6 月 16—26 日，应邀先到法国巴黎参加国际有益菌群肥会议，之后到英国牛津大学参加国际土壤学会常委会。

9 月 15—21 日，在南京主持召开"土壤温室主体效应"会议，会后到西安、成都等地进行土壤综合考察。

11 月 1—8 日，在杭州参加中国土壤学会第八次全国会员代表大会，不再担任理事长。

12 月 8—23 日，组织 8 位院士，包括孙鸿烈、陈述彭、刘东生、吴传均、周立三、朱祖祥、李博，加上中国科学院院士工作局及国家科学技术委员会等部门 5 人，从江西南昌开始，经 11 个县市，翻过南岭到韶关，在广东 5 个市区对我国南方红壤进行了一次全面考察。

1996 年，66 岁

1 月 28 日，当选国际土壤学会土壤及环境委员会副主席。

4 月 10—16 日，到法国参加第 16 届国际土壤学会理事会会议，担任国际山地研究中心理事。

5月15日，担任土壤圈物质循环开放研究实验室学术委员会主任。

6月26日—7月5日，应邀赴莫斯科彼得堡参加俄罗斯土壤学年会及道库恰耶夫150周年诞辰纪念大会。

8月25日—9月1日，应邀与龚子同赴德国波恩参加国际土壤保持组织会，共有来自100个国家的800人参加。

11月13—30日，按中国科学院计划，负责长江三角洲农业考察，参加人员有两省一市农业专家20余人。

12月6—16日，应邀赴泰国参加有益菌群肥会议，会后到泰国北部进行考察。

1997年，67岁

5月6—9日，主持在南京召开的国际土壤与环境会议，参加人员40人。

8月21—29日，应邀到埃及开罗参加国际盐土会议。

10月25—30日，经中国科学院决定，作为国际山地研究中心代表担任中国科学院常务理事，赴加德满都第一次参加该中心的年度理事会。

1998年，68岁

6月20—29日，应邀到德国慕尼黑参加国际山地研究中心讨论会，会后到瑞士考察。

8月20—26日，作为中国代表团团长参加在法国蒙特利尔举办的第16届国际土壤学会大会。

9月21—28日，应邀赴香港参加城市大学环境保护会议。

11月3—15日，到尼泊尔加德满都参加国际山地研究中心理事会。

1999年，69岁

5月30日—6月5日，赴日本参加日本第四届"日经亚洲奖"颁奖大会，参加会议人员约200人。

8月21—29日，应邀参加国际山地研究中心在尼泊尔加德满都举办的国际学术会议，共有27个国家的代表约200人参加会议。

11月15—17日，在浙江农业大学环境学院讲学，被聘为兼职教授。

11月24日，受邀参加在香港浸会大学举办的"GEOTROP 99"国际学术会议，共有来自18个国家的约150人与会。

2000年，70岁

3月21—28日，应邀到德国开展学术交流。

4月30日，参加国家自然科学基金委员会对南京土壤研究所土壤圈物质循环开放研究实验室的考核评议会议。

2001年，71岁

3月，被南京大学聘为兼职教授。

5月，分别被福建农林大学、福建师范大学聘为兼职教授。

11月1—15日，到尼泊尔加德满都参加国际山地研究中心最后一次理事会，会后与国内外专家到不丹考察。

2002年，72岁

5月5—15日，参加江苏省科学技术协会组织的赴美国考察活动，访问了10多个城市。

8月14—21日，参加在泰国曼谷举办的第17届国际土壤学大会，会议有来自96个国家和地区的1880人参加，中国出席72人。

9月，参加中国科学院组织的院士考察活动，与7位中国科学院院士和其他人员共20多人开展"东南沿海环境发展状况"综合考察。

2003年，73岁

2月15日，参加南京市委市政府组织的高淳县、溧水县参观考察活动。

3月8—16日，赴香港参加"湿地资源保护"会议。

9月5—6日，在江苏省南京市浦口区、六合区进行沿江开发考察。

11月8日，参加在南京土壤研究所举办的中德合作中心成立仪式。

12月18—19日，参加南京土壤研究所建所50周年纪念大会。

2004年，75岁

4月22日，被江西农业大学聘为兼职教授。

6月13—17日，在哈尔滨参加中央组织部组织的"院士专家东北行"活动。

7月27—29日，在辽宁沈阳参加中国土壤学会第十次全国会员代表大会暨第五届海峡两岸土壤肥料学术交流会。

11月23日，参加由闵乃本、朱兆良等13位院士和20多位专家组成的中国科学院院士咨询调研组，并担任组长，以"江海联动，促进长三角北翼经济发展"为主题，赴江苏南通进行实地考察。

2005 年，75 岁

3 月 26—28 日，在湖南长沙参加中国科学院亚热带农业生态研究所（原长沙农业现代化研究所）中国科学院亚热带农业生态过程重点实验室评审，并被聘为该实验室副主任。

5 月 20—21 日，被西北农林科技大学聘为特聘教授。

7 月 3 日，在北京参加"全国水土流失与生态安全"启动会，担任南方考察队队长。

10 月 17—19 日，参加在黑龙江哈尔滨召开的"黑土地区农业发展"论证会。

11 月 23 日，和由江苏省国土资源厅、江苏省科技工作者协会、南京大学的专家组成的调研组，赴江苏宜兴就"土地（耕地）资源利用与保护及其对现代农业发展支撑能力研究"等课题进行调研。

2006 年，76 岁

4 月 21—28 日，参加孙鸿烈等组织的福建、江西水土保持考察活动。

5 月 28 日，参加陈竺、李振声等牵头的视察封丘站的活动。

10 月 27 日，在江西被井冈山干部学院聘为兼职教授。

11 月 14—21 日，在云南丽江、大理等地考察，并参加在昆明举办的土壤生物会议。

12 月 14 日，在江苏昆山参加由江苏省农学会主办的新农村建设研讨会。

2007 年，77 岁

2 月 1 日，参加江苏省生态环境保护厅座谈会，讨论土壤质量普查问题。

6 月 15 日，参加江苏省生态环境保护厅关于江苏省环境战略规划中"土壤保护"的分工任务会议。

7 月 18—19 日，参加无锡市湿地生态会议，讨论太湖污染治理问题。

8 月 27 日—9 月 3 日，与孙鸿烈院士等参加"黄河下游滩区安全与建设"咨询考察活动。

11 月 12—16 日，参加江苏省科技工作者协会组织的"现代农业江苏省 7 县 18 点考察"活动，共有 14 人参加。

2008 年，78 岁

1 月 25 日，受聘为水利部水土保持生态工程技术研究中心专家、名誉顾问。

3 月 20 日，参加在中国科学院南京地理与湖泊研究所举行的"地理环境变化研究"学术研讨会暨施雅风院士九十华诞座谈会。

5 月 10 日，被中国科学院研究生院授予"中国科学院研究生院杰出贡献教师"荣誉称号。

8 月 3 日，主持在江苏南京举办的全国土壤标准化会议。

10 月 27 日—11 月 1 日，随院士工作组共 10 人赴江苏苏北沿海的南通、盐城、连云港等地考察。

11 月 18 日，参加纪念马溶之 100 周年诞辰纪念大会。

2009 年，79 岁

3 月 28—30 日，赴北京参加农业路线图总结会。

6 月 27 日，在南京参加盐城师范学院举办的江苏沿海开发论坛，在会上做报告《江苏滩涂资源合理开发》。

8 月 8 日，在江苏南通参加江苏沿海开发座谈会。

11 月 26 日，被江苏省无锡市科学技术协会聘为无锡市农业讲师团名誉团长。

2010 年，80 岁

6 月 25 日，参加南京土壤研究所召开的熊毅 100 周年诞辰纪念大会。

7 月 17—24 日，参加东南沿海环境污染考察，包括厦门、上海、无锡、南京等城市，一行共 14 人。

10 月 19 日，在湖南长沙参加第十一届全国土壤微生物学术讨论会，在会上做报告《微生物与土壤质量》。

11 月 2—8 日，参加中国科学院咨询环境质量项目第二次考察，考察深圳、东莞、广州和韶关 4 个城市。

11 月 10—11 日，参加中国土壤学会理事会，做报告《土壤学发展战略》，其中包括生态高值农业方面的内容。

2011 年，81 岁

5 月 5—11 日，赴辽宁沈阳参加中央组织部组织的院士考察活动。

9 月 7—9 日，在内蒙古锡林浩特参加"查干诺尔干湖治理项目暨科学评估"会议。

10 月 8 日，在南京参加全国博士后工作会议。

2012 年，82 岁

4 月 20 日，参加李庆逵院士 100 周年诞辰纪念会。

5 月 9 日，参加水利部在江西兴国召开的全国水土保持工作会议。

6 月 10—15 日，到北京参加中国科学院第十六次院士大会。

8 月 20—25 日，到四川成都参加中国土壤学会第十二届全国会员代表大会，有 1700 人参加。

9 月 12—17 日，到福建长汀参加院士专家工作站揭牌仪式。

10 月 12—13 日，被中国科学技术大学聘为中国科学技术大学苏州研究院功能农业支撑技术联合实验室名誉主任，聘期两年。

2013 年，83 岁

4 月 10 日，参加水利部在福建长汀举办的国家水土保持生态文明县授牌及相关活动。

6 月 17 日，在福建福州参加福建省院士专家工作站授牌仪式。

11 月 8 日，参加南京土壤研究所成立 60 周年庆祝大会。

2014 年，84 岁

3 月 30 日，在江苏盐城东台参加由科学技术部、中国致公党举办的盐土问题讨论会，考察东台市盐土治理区。

4 月 20—22 日，在北京参加《国家中长期科学和技术发展规划纲要（2006—2022 年）》讨论会。

6 月 30 日，赴贵州铜仁考察贵州东部 8 个城市，重点在铜仁考察农业环境与重金属汞污染问题。

9 月 1—5 日，赴甘肃兰州、武威、民勤考察。

11 月 18—19 日，在江苏仪征进行农业生态环境考察。

2015 年，85 岁

5 月 15—18 日，在福建福州参加福建农林大学举办的第二届台湾水土保持会议。

7 月 11 日，在中国科技会堂参加土壤与土壤生态环境安全论坛——国际土壤年会。

8 月 26—29 日，在山东潍坊参加盐碱土专业年会。

9 月 14—15 日，在北京参加孙鸿烈院士学术思想研讨会。

12 月 4—6 日，在重庆参加中国土壤学会 70 周年纪念会。

2016 年，86 岁

1 月 5—6 日，在山东济南参加山东省科技厅召开的山东省盐土农业开发规划研讨会，对山东省盐土农业开发规划方案提出咨询意见。

3 月 25—30 日，到贵州铜仁布置"地区扶贫开发综合研究"项目并考察。

5 月 29—30 日，在北京参加全国科技创新大会、中国科学院第十八次院士大会和中国工程院第十三次院士大会、中国科学技术协会第九次全国代表大会开幕式会议。

6 月 1—3 日，在北京参加中国科学院地学部会议，听取工作报告，参加换届选举。

10 月 10 日，在南京参加张佳宝主持的"旱作区土壤培肥与丰产增收耕作技术"项目启动会。

12 月 2—4 日，在广西壮族自治区农业科学院参加广西富硒农业发展第二次学术论坛。

2017 年，87 岁

3 月 13—14 日，在南京主持江苏省耕地轮作休耕制度试点调研座谈会，并在南京市浦口区、高淳区进行实地考察。

4 月 20 日，在南京土壤研究所主持农田土壤污染防控与修复技术国家工程实验室第一届理事会会议暨技术委员成立大会。

7 月 21—23 日，在北京参加包头市政府与内蒙古自治区科学技术厅等单位共同举办的 2017 年工业固体废弃物处理与利用技术国际交流会。

8 月 17—22 日，在江苏太仓参加江苏地区耕地轮休制度试点问题咨询研究会议。

9 月 18—20 日，参加中国土壤学会第十三届二次理事扩大会议，主持我国耕地轮休耕作制度试点战略讨论会。

10 月 16 日，在南京参加中国土地学会生态分会学术研讨会暨成立大会。

12 月 1 日，在南京参加农业部与江苏省共同举办的中国江苏·现代农业科技大会。

2018 年，88 岁

1 月 29 日，在南京参加张佳宝主持的"旱作区土壤培肥与丰产增效耕作技术"项目年度总结会。

3月30日,参加并主持江苏省地质调查研究院"常州地质调查(苏锡常都市圈西部环境地质调查)"总体设计评审会。

6月11—16日,赴贵州铜仁地区生态脆弱区调研耕地轮休试点工作,其间参加了铜仁学院院士专家工作站生态扶贫工作总结交流会,还参加了中国科学院耕地轮休制度试点工作铜仁考察协调会,并多次进行实地调研考察。

7月4—7日,赴河南郑州参加中国土壤学会第十三届三次理事扩大会议暨土壤科技助力乡村振兴学术研讨会。

2019 年,89 岁

3月27日,在南京参加中国科学院学部咨询评议工作委员会第6届第13次会议,汇报耕地轮休制治理关键问题与政策建议。

4月9日,在苏州参加2019苏州全国功能农业发展战略研究会暨功能农业香山会议筹备会。

9月18—25日,赴上海、苏州等地参加土壤修复功能材料研发及应用研讨会——第一届全国土壤修复大会第三次分会、上海立昌环境科技股份有限公司院士专家工作站揭牌仪式、香山会议第二次学术委员会研讨会等。

2020 年,90 岁

6月13日,参加江苏省功能农业产业体系创建研讨会。

8月18日,参加南京市江北新区农创园智慧农业大会。

10月2-5日,到安徽凤阳小岗村、安徽科技学院等地进行考察。

12月18日,参加全国功能农业发展大会,获颁功能农业终身成就奖。

2021 年,91 岁

2月8日,在南京土壤研究所与蔡立、沈仁芳、秦江涛以及中国科学院南京分院杨桂山4人一起讨论有关南京土壤研究所麒麟门新所区专家展览馆相关问题。

2022 年,92 岁

入住江苏省钟山干部疗养院。

2023 年,93 岁

1月3日,因病在江苏南京去世。

附录二　赵其国院士主要论著目录①

（一）专著

赵其国. 古巴热带土壤的发生、分类与利用. 哈瓦那，1967.

中国科学院南京土壤研究所黑龙江队. 黑龙江省与内蒙古自治区东北部
　　土壤资源. 北京：科学出版社，1982.

红黄壤利用改良区划协作组. 中国红黄壤地区土壤利用改良区划. 北京：
　　中国农业出版社，1985.

康奈尔大学农学系. 美国土壤系统分类检索. 赵其国，龚子同，曹升赓，
　　等译. 北京：科学出版社，1985.

赵其国，谢为民，贺湘逸，等. 江西红壤. 南昌：江西科学技术出版社，
　　1988.

赵其国，龚子同. 土壤地理研究法. 北京：科学出版社，1989.

赵其国，龚子同，徐琪，等. 中国土壤资源. 南京：南京大学出版社，1991.

赵其国. 黄淮海平原土壤肥料研究论文集. 北京：中国科学技术出版社，
　　1993.

赵其国. 豫北淮北苏北地区农业综合治理开发技术专题研究. 北京：科学
　　出版社，1993.

赵其国. 土壤圈：土壤圈物质循环与农业和环境. 南京：江苏科学技术出
　　版社，1995.

江苏省科学技术协会，江苏省农业区划委员会，江苏省农业厅，等. 江苏
　　农业可持续发展研究. 南京：东南大学出版社，1998.

许厚泽，赵其国. 长江流域洪涝灾害与科技对策. 北京：科学出版社，
　　1999.

赵其国，等. 红壤物质循环及其调控. 北京：科学出版社，2002.

赵其国，等. 中国东部红壤地区土壤退化的时空变化、机理及调控. 北京：
　　科学出版社，2002.

赵其国，史学正，等. 土壤资源概论. 北京：科学出版社，2007.

———————————

① 按发表时间先后顺序排序。

赵其国，黄国勤. 广西农业. 银川：阳光出版社，2012.

赵其国，段增强. 生态高值农业：理论与实践. 北京：科学出版社，2013.

赵其国，等. 盐土农业. 南京：南京大学出版社，2019.

赵其国，滕应，等. 中国耕地轮作休耕制度研究. 北京：科学出版社，2019.

赵其国，尹雪斌. 功能农业：理论与实践. 北京：科学出版社，2024.

E. N. 拉特列尔. 植物营养与施肥. 赵其国，等译. 北京：科学出版社，1956.

（二）论文

赵其国，邹国础. 云南省的胶泥田及其改良. 土壤学报，1959，（S1）：59-67.

赵其国. 滇南砖红壤性土的发生特性及其形成过程. 土壤通报，1966，（2）：37-38.

赵其国，王明珠，熊国炎，等. 黑土的肥力演变及其分类. 土壤，1978，10（5）：186-188.

赵其国，熊国炎整理. 南斯拉夫土壤分类、分布和森林土壤研究概况. 土壤，1980，（1）：28-30.

赵其国. 县级土壤资源调查和土壤区划——以广东省博罗县为例. 土壤，1980，（5）：161-168.

赵其国，刘良梧整理. 万倍克教授谈美国土壤系统分类研究概况. 土壤，1981，（3）：115-119.

赵其国. 麦克拉克教授介绍美国土壤分类概况. 土壤，1981，13（6）：237-238.

赵其国，王振权，刘兆礼. 我国富铝化土壤发生特性的初步研究. 土壤学报，1983，（4）：333-346.

赵其国. 热带土壤的发生与分类研究进展（续）. 土壤学进展，1983，11（2）：13-35.

赵其国. 热带土壤的发生与分类研究进展，土壤学进展，1983，11（2）：1-8.

赵其国. 我国富铝化土壤诊断土层的初步研究及其在分类上的应用. 土壤学报，1984，21（2）：171-181.

赵其国，陈志诚. 联邦德国土壤科学研究近况. 土壤，1985，（4）：217-219.

赵其国，方建安. 英国土壤学研究近况. 土壤，1985，（3）：158-164.

赵其国. 澳大利亚土壤及土壤科学研究近况. 土壤，1986，18（6）：326-331.

赵其国. 当前我国土壤学研究所面临的任务. 土壤，1986，18（4）：186-188.

赵其国. 丹麦及瑞典南部的土壤概况. 土壤，1987，19（3）：164.

赵其国. 第九次国际土壤分类工作会议概况. 土壤，1987，（6）：330-334.

赵其国. 奋力开展土壤研究立志攀登世界高峰. 土壤通报，1987，18（1）：
　　1-6.

赵其国，李庆逵. 中国主要农业土壤的集约耕作. 土壤学报，1987，（1）：
　　1-7.

赵其国. 土壤学发展趋势与青年土壤科技工作者的任务. 土壤，1987，（2）
　　57-61.

赵其国. 中国热带亚热带地区旱地土壤资源. 土壤，1987，19（1）：1-4.

赵其国. 土壤学的发展及其研究前景. 土壤，1988，20（1）：1-4.

赵其国. 我国土壤资源的保护与合理利用. 土壤通报，1988，（1）：14-16.

赵其国. 我国中低产土的类型分布与治理开发途径. 土壤，1988，（6）.

赵其国. 中国的火山灰土. 土壤学报，1988，（4）：323-329.

赵其国. 中国土地资源及其利用区划. 土壤，1989，（3）：113-119.

赵其国. 黄淮海平原水土资源特点及节水农业技术. 人民黄河，1989，（5）：
　　9-12.

赵其国. 灰土的特性分类及利用——第 5 届国际土壤分类会议论文综述.
　　土壤，1989，（1）：1-4.

赵其国. 为繁荣我国土壤科学事业而继续努力——为庆祝建国 40 周年而
　　作. 土壤，1989，（4）：169-173.

赵其国，刘良梧. 我国土地资源在人为利用条件下的变化及其对环境的影
　　响. 土壤，1990，（5）：225-229.

赵其国. 为人类生存及改善环境不断加强土壤科学研究——从第 14 届国
　　际土壤学大会看土壤学的发展前景. 土壤，1990，（6）：281-289.

赵其国. 我国的土地资源，地理学报，1990，（2）.

赵其国. 以色列的水土资源与农业概况——访以色列简况. 土壤，1990，（1）：
　　51-52.

赵其国. 中国的灰化土. 土壤学报，1990，（3）：318-324.

赵其国，王明珠，何园球. 我国热带亚热带森林凋落物及其对土壤的影响.

土壤，1991，（1）：8-15.

赵其国. 90 年代的土壤科学. 土壤通报，1991，（4）：17-20.

赵其国. 创建节源高效持续农业：我国农业的发展方向. 土壤，1991，（5）：225-226.

赵其国. 土壤圈物质循环研究与土壤学的发展. 土壤，1991，（1）：1-3，15.

赵其国. 土壤退化及其防治. 土壤，1991，（1）：57-60.

赵其国. 依靠科学技术 开拓农业发展新时代. 农业现代化研究，1991，12（6）：1-3.

赵其国. 中国土壤——植物营养化学的奠基人——祝贺李庆逵教授从事土壤科学研究 60 周年. 土壤，1991，（6）：281-284.

赵其国，陈鸿昭. 我国土地资源的态势、潜力与对策. 土壤，1992，（1）：1-2.

赵其国，王明珠. 我国南方贫困山区的发展问题. 土壤，1992，（5）：225-227.

赵其国. 关于"二十一世纪全球环境与发展议程". 土壤，1992，（3）：113-115.

赵其国. 水稻土的类型特征及其管理. 土壤，1992，（4）：169-175.

赵其国. 我国红壤现代成土过程和发育年龄的初步研究. 第四纪研究，1992，（4）：341-351.

赵其国. 我国土壤调查制图及土壤分类工作的回顾与展望. 土壤，1992，（6）：281-284.

赵其国，王浩清，顾国安. 中国的冻土. 土壤学报，1993，（4）：341-354.

赵其国. 中国科学院南京土壤研究所 40 年. 土壤，1993，（4）：169-175.

赵其国. 重视三峡库区的移民及环境建设工作. 土壤，1993，（2）：57-59.

赵其国. 土壤圈及其在全球变化中的作用. 土壤，1994，（1）：4-7.

赵其国，顾国安. 我国干旱土壤资源特点及其利用途径. 土壤，1995，（1）：1-11.

赵其国，杨浩. 中国南方红土与第四纪环境变迁的初步研究. 第四纪研究，1995，（2）：107-116.

赵其国. 为跨世纪土壤学的发展作出新贡献——第 15 届国际土壤学会会议综述. 土壤学报，1995，32（1）：1-13.

赵其国，王明珠. 江西省农业持续发展与生态环境的建设. 土壤，1996，（1）：1-7.

赵其国. 从现代土壤学看江苏省农业持续发展中的问题. 土壤，1996，（4）：169-175.

赵其国. 现代土壤学与农业持续发展. 土壤学报，1996，33（1）：1-12.

赵其国. 中国土壤学学科发展战略研究报告. 地球科学进展，1996，11（2）：151-159.

赵其国，孙波，张桃林. 土壤质量与持续环境——Ⅰ.土壤质量的定义及评价方法. 土壤，1997，（3）：113-120.

赵其国. 土壤圈在全球变化中的意义与研究内容. 地学前缘，1997，（1-2）：153-162.

赵其国. 我国现代农业发展中的若干问题. 土壤学报，1997，（1）：1-9.

赵其国，吴志东，张桃林. 我国东南红壤丘陵地区农业持续发展和生态环境建设——Ⅰ.优势、潜力和问题. 土壤，1998，（3）：113-120.

赵其国，吴志东，张桃林. 我国东南红壤丘陵地区农业持续发展和生态环境建设——Ⅱ.措施、对策和建议. 土壤，1998，（4）：169-177.

赵其国. 土壤与环境问题国际研究概况及其发展趋向——参加第 16 届国际土壤学会专题综述. 土壤，1998，（6）：281-288.

赵其国. 我国农业可持续发展问题初探. 农业现代化研究，1998，（5）：267-271.

赵其国，吴志东. 继往开来，迎接 21 世纪对土壤科学的挑战. 土壤，1999，（5）：225-231.

赵其国，吴志东. 深入开展"土壤与环境"问题的研究. 土壤与环境，1999，8（1）：1-4.

赵其国. 我国农业发展面临的问题与对策——兼谈江苏省农业发展有关问题. 土壤，1999，（6）：281-289.

赵其国，骆永明. 开展我国东南沿海经济快速发展地区资源与环境质量问题研究建议. 土壤，2000，32（4）：169-187.

赵其国，徐梦洁，吴志东. 东南红壤丘陵地区农业可持续发展研究. 土壤学报，2000，（4）：432-442.

赵其国. "三 S"技术在持续农业与山区土地利用中的应用. 土壤，2000，（1）：1-5.

赵其国. 江苏省当前农业发展问题及对策. 土壤, 2000, (5): 225-230.

赵其国. 我国农业发展和结构调整问题. 安徽农学通报, 2000, (2): 2-6.

赵其国. 21世纪土壤科学展望. 地球科学进展, 2001, (5): 704-709.

赵其国, 周建民, 董元华. 江苏省农业清洁生产技术与管理体系的研究与试验示范. 土壤, 2001, (6): 281-285.

赵其国. 解决我国东南沿海经济快速发展地区资源与环境质量问题刻不容缓——关于该区资源与环境质量问题研究的建议. 土壤, 2001, (3): 113-118.

赵其国. 重视农业"安全质量", 加强农业"清洁生产". 土壤, 2001, (5): 225-226.

赵其国, 周炳中, 杨浩, 等. 中国耕地资源安全问题及相关对策思考. 土壤, 2002, (6): 293-302.

赵其国, 周炳中, 杨浩. 江苏省环境质量与农业安全问题研究. 土壤, 2002, (1): 1-18.

赵其国, 周建民. 为21世纪土壤科学的创新发展作出新的贡献——参加第17届国际土壤学大会综述. 土壤, 2002, (5): 237-256.

赵其国. 城市生态环境保护与可持续发展. 土壤, 2003, (6): 441-449.

赵其国. 发展与创新现代土壤科学. 土壤学报, 2003, (3): 321-327.

赵其国. 艰苦创业, 催人奋进的五十年——庆祝中国科学院南京土壤研究所建所五十周年. 土壤, 2003, (3): 177-181.

赵其国, 叶方. 信息化与农业现代化. 土壤学报, 2004, (3): 449-455.

赵其国, 万红友. 中国土壤科学发展的理论与实践. 生态环境, 2004, (1): 1-5.

赵其国. 土地资源 大地母亲——必须高度重视我国土地资源的保护、建设与可持续利用问题. 土壤, 2004, (4): 337-339.

赵其国. 建设江西优质粮仓确保国家粮食安全. 土壤, 2005, (3): 225-229.

赵其国. 民以食为天 食以净为本——论江苏省农产品清洁生产创新研究. 土壤, 2005, (1): 1-7.

赵其国, 高俊峰. 湿地资源生态功能的调控. 土壤, 2006, (1): 1-5.

赵其国, 周生路, 吴绍华, 等. 中国耕地资源变化及其可持续利用与保护对策. 土壤学报, 2006, (4): 662-672.

赵其国. 闽西南及赣南地区水土流失治理问题的思考与建议. 中国水土保持, 2006, (8): 1-3.

赵其国. 我国南方当前水土流失与生态安全中值得重视的问题. 水土保持通报, 2006, (2): 1-8.

赵其国, 黄国勤, 钱海燕. 鄱阳湖生态环境与可持续发展. 土壤学报, 2007, (3): 318-328.

赵其国, 黄国勤, 钱海燕. 生态农业与食品安全. 土壤学报, 2007, 44 (6): 1127-1134.

赵其国, 周健民. 对第18届国际土壤学大会召开的认识与体会. 土壤, 2007, (1): 19-23.

赵其国. 第18届国际土壤学大会综述. 土壤, 2007, (1): 2-18.

赵其国. 为不断开拓与创新土壤学研究新前沿而努力奋进——第18届国际土壤学大会情况综合报道. 土壤, 2007, 39 (1): 1.

赵其国, 周应恒, 耿献辉. 我国现代农业发展路线与发展战略. 生态环境, 2008, 17 (5): 1721-1728.

赵其国, 骆永明, 滕应, 等. 当前国内外环境保护形势及其研究进展. 土壤学报, 2009, 46 (6): 1146-1154.

赵其国, 钱海燕. 低碳经济与农业发展思考. 生态环境学报, 2009, (5): 1610-1614.

赵其国. 发展江苏现代农业十项政策建议. 江苏农村经济, 2009, (7): 12-14.

赵其国. 土壤科学发展的战略思考. 土壤, 2009, 41 (5): 681-688.

赵其国, 段增强. 中国生态高值农业发展模式及其技术体系. 土壤学报, 2010, (6): 1249-1254.

赵其国, 周健民, 沈仁芳, 等. 面向不断变化世界, 创新未来土壤科学——第19届世界土壤学大会综合报道. 土壤, 2010, (5): 683-799.

赵其国. 生态高值农业是我国农业发展的战略方向. 土壤, 2010, 42 (6): 857-862.

赵其国, 黄国勤. 广西农业: 机遇、成就、问题与战略. 农学学报, 2011, (5): 1-6.

赵其国, 杨劲松, 周华. 保障我国"耕地红线"及"粮食安全"十字战略方针. 土壤, 2011, (5): 681-687.

后　记

2012 年春天，中国科学技术协会启动第二批老科学家学术成长资料采集工作。因为之前我对此工作并不熟悉，因此怀着忐忑的心情先联系了赵其国院士的秘书陈家琼。没想到我们见面之后，赵其国院士表示很愿意参加这项工作，特别爽快地在项目申请书上签名，为我后续顺利开展这项工作给予了极大的支持和鼓励。

在采集工作的两年时间里，我与赵其国院士也越来越熟悉，他让人感觉很亲切。一本本野外考察笔记、一张张泛黄的照片、一套套幻灯胶片，记录了他从出生、成长到工作以来的点点滴滴，尘封的记忆被逐一打开，鲜活的人物一个一个浮现出来。为了与口述材料相印证，他还提供了很多文字材料，包括自己写的工作总结、生活日记等。在短短一年多的时间里，我非常顺利地完成了各项采集工作，并于 2015 年 1 月出版了《寻找沃土：赵其国传》，这些成绩的取得是与赵其国院士的大力支持分不开的。

时光如梭，转眼好多年过去了，其间与赵其国院士联系不多。2022 年夏天，因为有事再一次联系，才知道他住在江苏省钟山干部疗养院，身体也大不如前。当时正处在新冠疫情期间，见一面非常不容易，但见面以后，赵院士依然记得我，一下子叫出我的名字，而且声音依然洪亮，风采不减当年。在聊天的过程中，李小平老师提到，之前因为时间太匆忙，没有仔细核对，《寻找沃土：赵其国传》中有一些值得商榷的细节，出版以后赵其国院士一直想有机会能够修订，并表示中国科学院有意出版院士传记，希望我能申请相关项目并出版。

　　赵其国院士一生奔忙，当选中国科学院院士以后依然忙碌。老科学家学术成长资料采集工程项目完成之后又有近 10 年，从他的日记中可以看出，他从未停下工作的脚步，这是十分令人钦佩的。于是，我很快填写好项目申请书，报经中国科学院相关部门批准，重新梳理、补充材料，撰写《赵其国传》。在这个过程中，赵其国院士因为身体原因已无法讲述、核对资料，李小平老师不辞辛苦，提供各种图片、文字资料及大量电子版材料，内容十分丰富，并发动赵其国院士的领导、同事、学生及赵其国院士的儿子赵坚、女儿赵智等人撰写回忆文章。赵坚、赵智详细回忆了早期家庭生活的方方面面，特别是赵其国言传身教对子女的影响，并对书稿进行了审读和校正。此外，黄国勤提供了生态高值农业方面的材料，尹雪斌提供了功能农业方面的材料。南京土壤研究所原党委书记蔡立、所长沈仁芳对此项工作也十分支持，让办公室等部门配合，提供了不少南京土壤研究所发展历程方面的资料，并组织专家对《赵其国传》书稿进行审读。在此一并致谢！

杨　坚

2025 年 1 月于南京